世紀
人物100

龍門路

司馬遷

劉美瑤　著

三民書局

獻給孩子們的禮物

主編的話

世界上最幸福的孩子，是他們一出生就有機會接近故事書，想想看，那些書中的人物，不論古今中外都來到了眼前，與他們相識，不僅分享了各個人物生活中的點滴，孩子們的想像力也隨著書中的故事情節飛翔。

不論世界如何演變，科技如何發達，孩子一世幸福的起源，仍然來自於父母的影響，如果每一個孩子都能從小在父母親的懷抱中，傾聽故事，共享閱讀之樂，長大後養成了閱讀習慣，這將是一生中享用不盡的財富。

三民書局的劉振強董事長，想必也是一位深信讀書是人生最大財富的人，在讀書人口往下滑落的多元化時代，他仍然堅信讀書的重要，近年來，更不計成本，連續出版了特別為孩子們策劃的兒童文學叢書，從「文學家」、「藝術家」、「音樂家」、「影響世界的人」系列到「童話小天地」、「第一次」系列，至今已出版了近百本，這僅是由筆者主編出版的部分叢書而已，若包括其他兒童詩集及套書，三民書局已出版不下千百種的兒童讀物。

劉董事長也時常感念著，在他困苦貧窮的青少年時期，是書使他堅強向上，在社會普遍困苦，而生活簡陋的年代，也是書成了他最好的良伴，他希望在他的有生之年，分享這份資產，讓下一代可以充分使用，讓親子共讀的親情，源遠流長。

「世紀人物 100」系列早就在他的關切中構思著，希望能出版

孩子們喜歡而且一生難忘的好書。近年來筆者放下一切寫作，接下這份主編重任，並結合海內外有心兒童文學的作者共同為下一代效力，正是感動於劉董事長致力文化大業的真誠之心，更欣喜許多志同道合的朋友，能與我一起為孩子們寫書。

「世紀人物 100」系列規劃出版一百位人物故事，中外各占五十人，包括了在歷史上有關文學、藝術、人文、政治與科學等各行各業有貢獻的人物故事，邀請國內外兒童文學領域專業的學者、作家同心協力編寫，費時多年，分梯次出版。在越來越多元化的世界中，每個人都有各自的才華與潛力，每個朝代也都有其可歌可泣的故事，但是在故事背後所具有的一個共同點，就是每個傳主在困苦中不屈不撓，令人難忘的經歷，這些經歷經由各作者用心博覽有關資料，再三推敲求證，再以文學之筆，寫出了有趣而感人的故事。

西諺有云：「世界因有各式各樣不同的人群，才更加多采多姿。」這套書就是以「人」的故事為主旨，不刻意美化傳主，以每一位傳主的生活經歷為主軸，深入描寫他們成長的環境、家庭教育與童年生活，深入探索是什麼因素造成了他們與眾不同？是什麼力量驅動了他們鍥而不捨的毅力？以日常生活中的小故事，來描繪出這些人物，為什麼能使夢想成真。為了引起小讀者的興趣，特別著重在各傳主的童年生活描述，希望能引起共鳴。尤其在閱讀這些作品時，能於心領神會中得到靈感。

和一般從外文翻譯出來的偉人傳記所不同的是，此套書的特色是，由熟悉兒童文學又關心教育的作者用心收集資料，用有趣的故

事，融入知識，並以文學之筆，深入淺出寫出適合小朋友與大朋友閱讀的人物傳記。在探討每位人物的內在心理因素之餘，也希望讀者從閱讀中，能激勵出個人內在的潛力和夢想。我相信每個孩子在年少時都會發呆做夢，在他們發呆和做夢的同時，書是他們最私密的好友，在閱讀中，沒有批判和譏諷，卻可隨書中的主人翁，海闊天空一起遨遊，或狂想或計畫，而成為心靈知交，不僅留下年少時，從閱讀中得到的神交良伴（一個回憶），如果能兩代共讀，讀後一起討論，綿綿相傳，留下共同回憶，何嘗不是一幅幸福的親子圖？

2006 年，我們升格成為祖字輩，有一位朋友提了滿滿兩袋的童書相送，一袋給新科父母，一袋給我們。老友是美國國家科學院院士，曾擔任過全美閱讀評估諮議委員，也是一位慈愛的好爺爺，深信閱讀對人生的重要。他很感性的說：「不要以為娃娃聽不懂故事，我的孫兒們一出生就聽我們唸故事書，長大後不僅愛讀書而且想像力豐富，尤其是文字表達能力特別強。」我完全同意，並欣然接受那兩袋最珍貴的禮物。

因為我們同樣都是愛讀書、也深得讀書之樂的人。

謹以此套「世紀人物 100」叢書送給所有愛讀書的孩子和家庭，以及我們的孫兒──石開文，他們都是世界上最幸福的孩子，因為從小有書為伴，與愛同行。

作者
的話

司馬遷是正史上真正存在的史官，他最大的貢獻就是寫了流傳千古的《史記》。

因為書市關於司馬遷的傳記極多，所以我在撰寫司馬遷的故事時，刻意拋開傳統寫法，以司馬遷的生平為經緯，添加許多想像，把它當成一部小說經營。

我的設計是這樣：

未來世界科技發達，複製人、時光轉換機都是未來世界當紅的科學技術，那個時代稱作「複製時代」；而複製人尚未發明以前的則統稱「原生時代」，原生時代的人類都是胎生。複製時代世界劃分成兩區——複製社區和保護區。位在複製社區的人都是複製人，位在保護區的人還是胎生的原生人。

「複製時代」是一個獨裁恐怖的時代，所有的權力全掌握在「先生」一個人的手裡，包括歷史的真相也被「先生」控制。

六一八（也就是摯峻）原為胎生人，嚮往複製社區看似完美的生活所以逃離家鄉。

為了得到複製人的身分，他甘受控制，不料因為犯錯，誤把漢朝司馬遷的歷史紀錄流出社區，造成恐慌。社區居民開始懷疑先生的誠信，認為他隱瞞居民許多真相，誤導居民對於原生時代錯誤的價值觀。於是居民決定成立「真相調查委員會」派

人回到漢朝調查司馬遷真正生平紀錄。

被派遣回去的就是六一八，陰錯陽差被誤認為摯峻。於是摯峻與司馬遷的故事就此展開。小說採雙線進行，以新舊時代不同的人性與制度作對比，希望讀者能從中有所體悟。

我要特別聲明的是，摯峻在歷史上是真有其人，他的確是司馬遷的朋友，但是並不是一個未來人，那只是我虛擬的人物塑造。張瀾也不是張湯的族弟，也是我虛擬的人物。其餘出場人物則是根據史實摻入大量想像，但是大抵不離史實。

關於司馬遷的死，也是我的想像。正史並未記載司馬遷的卒年，後世有人認為這是他終得善終的緣故，所以刻意不記；但也有人因此認為他死因不明所以才沒有記載確定的卒年，更有人認為他完成《史記》之後，了無牽掛所以自行踏上黃泉路。不論是哪一種死因，我都不甚滿意，我覺得像司馬遷這樣天性俠義浪漫、生平坎坷屢遭不順的人，應該會走上一條特別的歸路。但為恐引起爭議，除了將司馬遷的死亡模糊處理設計之外，添加了一條白龍升天而去當作象徵。

我希望讀者在閱讀這本書的時候，不要把它當成是一部傳記或是歷史小說而鑽研在史實的真偽上，而把重點放在新舊時代的異同比較，去思考人存在的價值。

去想一想：新時代那種井然有序的理性生活適合我們嗎？漢朝

關東、關西之爭有必要嗎？人究竟為何生為何死？以及最重要的是，思考歷史的意義，究竟什麼才是真相？

我無能為力還原史實，因為，真相只在發生的當下存在，稍縱即逝。我們以為的史實都是個人主觀的推論，而司馬遷之所以偉大，就是因為他在史書的撰寫上，憑著個人俠義情懷加入大量情感投射與價值判斷，使得《史記》不僅僅是一部史書，更是許多人性的精妙描寫。

我以為讀歷史是為了以古鑑今，而閱讀與寫作則可以發現自己。希望讀者也能藉著閱讀釐清自己的形象並從中獲得成長。

一本書能順利出版，編輯無疑是最偉大的幕後功臣，感謝三民書局編輯部在撰寫過程中，給了我許多寶貴的建議與提醒，更謝謝他們細心的校對與審稿。

寫書的人

劉美瑤

臺東大學兒童文學研究所畢業。

嗜書成性，最喜歡讀推理小說。常常覺得正義僅於書中可得，故動了提筆寫小說的念頭。

龍門路

司馬遷

世紀人物
100

司馬遷

前145～前86(？)

　　他在江邊找到足跡。深淺不一，凌亂蹣跚的足痕一直通向那片蒼茫飄搖的蘆花叢。

　　他跟著足印往前走，撥開那片蘆花叢，驚醒了正在休憩的野雁，野雁受到驚嚇一飛沖天，在空中盤旋，憤怒的斥責闖入者。他沒有理會野雁的抗議，只是拼命向前張望。

　　熱辣辣的陽光映照在水面上，反射出一條條刺目的炫光，在一片水氣銀光閃爍中，他似乎看見一條鱗光閃閃的白龍從水中躍出，騰雲而去。

　　他抬頭向天空搜尋，但是，天上除了雲朵之外，再也看不見其他流動的東西。

1

義救獨角牛
初遇摯峻

　　有一股新鮮的青草味，讓他想起小時候在保護區生活的情形。待感覺到溫柔的熱度輕輕貼上他的眼皮時，他才大著膽子睜開眼睛。前方大樹下，傳來孩童的扭打聲，他循著聲音走去，感應到自己的目標就在那裡。

　　老牛被拴在樹下，腳不停的踐踏踢動，拼命拉扯脖子上的牛繩想掙脫逃命去。引起牠不安的是在地上扭打的孩子。兩個粗粗胖胖的孩子壓在一個黑黑壯壯的小子身上，旁邊有著尖下巴扁頭扁臉的矮個子正大聲喊著：「打死他！打死他！」

　　一股熟悉不舒服的感覺湧上心頭，他走上前去想幫助那個被壓在底下的小子。想不到那小子也挺屬害的，雙腳一頂再一蹬，壓在身上的兩個胖小子就被彈開來，他跳起

3

來，雙手握拳睜大眼睛瞪著那個扁臉小子。扁臉小子看看倒在地上喊疼的小胖子，心裡有些慌，一邊後退一邊噓噓比劃，黑小子向前一跨，大聲一喝，扁臉小子嚇得轉身逃跑，一不小心跌在地上，臉上的泥沙汗血還來不及擦，就又跌跌撞撞的往前逃。黑小子轉回頭，背後只剩下那頭躁動不安的牛。

黑小子慢慢的走上前去，輕輕的說著：「不要怕，那群壞孩子都被我給趕跑了。」老牛似乎感覺到黑小子的善意，鼻子吐了口氣，低下頭來用蹄子輕輕的畫著地面。

黑小子伸出手指輕點了牛角，老牛的角斷了一支，斷痕猶新，牠眼睛一轉，看到黑小子身後有人接近，甩甩尾巴又要刨地。

黑小子轉回頭：「你是誰？」

他愣住，想想說：「我，我是自製人六一一八！」

「什麼？摯、峻？好特別的名

字！」黑小子咧開嘴巴露出一顆小犬牙說：「你好，我是司馬遷，你叫我阿遷就得了。我從沒見過你，你是剛搬來龍門這兒的吧？」

「呃，算是吧！」他心想：「搬來」，從複製時代「搬」到原生時代的西元前一百多年來，還「搬」得真遠哪！

老牛又哞了一聲，阿遷轉頭撫摸牛的背脊：「乖啊！不要害怕。」

摯峻說：「你預備拿這頭牛怎麼辦？」

阿遷偏著頭想了想說：「帶牠回家吧，我既然出手相救，就要一對牠負責到底啊！」

阿遷牽著老牛往村中走，摯峻跟在他們的後頭。

摯峻問：「你們為什麼打架？」

聽到他的問題，阿遷臉上露出憤慨的表情：「那群傢伙很可惡，竟然把牛拴在樹下當靶子，比賽丟石頭看誰砸得準，弄得這頭牛哞哞哀

嚎還不肯罷休。我看不過去上前和他們理論，他們竟然說他們是這頭牛的主人，所以愛對牠怎樣就對牠怎樣。你瞧，這牛身上的傷就是這樣來的。」阿遷撫著牛背脊上的破皮和淤血，又指著牛的斷角說：「還有，瞧，連牛角都被他們用石頭給敲斷了！」獨角牛像是知道阿遷在談論牠的傷口似的，竟也乖巧的低下頭來給摯峻看牠的傷口。

摯峻點頭：「所以你是路見不平，拔刀相助囉！」

阿遷聽見這句新鮮話形容自己方才的行為頗貼切，開心的點頭說：「拔刀相助，嗯，說得沒錯，這句話聽起來很有大俠氣派。我跟你說，我最佩服的就是那些具有俠義之風的劍客，一劍走江湖，歌詠仁義，視死如歸，然後在刀光劍鳴的一剎那間，就改變了所有局面。」阿遷說著說著開始在田埂上比劃起來，嘴裡邊唱著：「風蕭蕭兮！易水

寒，壯士一去兮！不復還。」

他稚嫩的童音刻意裝得蒼涼悲壯，兩道濃眉像劍般斜飛上揚，一手扯著牛繩一手作出舞劍的招式，獨角牛也一跟著低哞像是在為他唱和。摯峻看著阿遷一臉嚴肅，儼然俠客英雄正要為正義犧牲的模樣，忍不住泛起笑容。

阿遷察覺摯峻的笑意，連忙停止動作，他望著摯峻撓撓腮，不好意思的說：「我這人就是這樣，聽多了鄉里那些老人家的故事，常常就跳進故事裡扮一角，你別笑我。」

摯峻搖頭：「不，我不是在笑你，我只是很敬佩你剛才出手救牛，以一敵眾的義行。」

聽到摯峻的稱讚，阿遷很開心，黝黑的臉上浮現淡淡的紅暈，他對摯峻說：「摯峻，你去過龍門峽嗎？」

摯峻搖頭說沒有。

阿遷說：「我聽人家說，從前大

禹為了治水，把龍門山鑿開來，讓黃河從中間奔流而過，黃河一旦過了龍門峽，水勢就豁然奔放，水聲像雷鳴一樣響，魚都游不過去，如果有哪隻魚越過龍門峽的話，就會變成龍飛到天上去喔！」

摯峻說：「那你去過嗎？」

阿遷嘟著嘴搖頭：「沒有，我娘說我還小，不可以自己去龍門峽那麼遠的地方玩，她說等我參今年放假回來再帶我去。」說到阿遷的參，阿遷的臉又亮了起來：「我跟你說，摯峻，我參他什麼都懂喔！他曾經跟著一個叫做唐都的方士學習如何研究天上的日月星辰，他還懂《易經》，那可是一門很難的學問哪！除此之外啊，我參對黃老的道家思想也很有研究，總歸一句話，他非常有學問，所以啊，皇帝才會任命他做太史令。」

從阿遷微揚急促的語調和揮舞的手勢，摯峻心想：阿遷一定很敬

愛他的父親，很以他的父親為榮吧！

看見摯峻不說話，阿遷以為他不明白什麼叫做太史令，連忙又繼續解釋：「摯峻，太史令就是負責管理天文、曆法和歷史文獻的官。我爹說這個官很重要，有承先啟後的責任要扛，因為必須知道許多古代的事情，所以他整天都埋首在國家圖書館裡研究那些古書，很辛苦的！」

聽完阿遷的話，摯峻想起自己生長的複製時代。

複製時代的複製人從不認為原生時代的歷史有什麼偉大可言。在他們眼裡，原生人的歷史只不過是一幕幕充滿征戰，殺伐，極不理性的戲劇。那些史書記載，在時空轉換儀發明之後，也變成了個人的偏見。「歷史的真相始終來自於機器，因為機器沒有感情，只有理性。」他也是這樣認為，直到那件事

發生後，他才開始對於複製時代仰賴的機器開始產生懷疑。

「摯峻，摯峻，你在想什麼？」阿遷伸手在摯峻面前揮揮：「怎麼那麼嚴肅啊？」

摯峻嘴一咧：「沒什麼。」

阿遷笑著說：「我該回家了，你家住哪？也往這走嗎？」他指著村莊的方向。摯峻搖搖頭，指向後方：「我往那走。」

「喔，你家住下村啊！好，那我先走囉，再見！」阿遷道完再見後就牽著獨角牛回家。

看著走在田埂上的一人一牛，摯峻想起牛頭上的斷角，心中漸漸升起一片憂傷，他轉動手上的戒指，周身開始籠罩在藍霧之中，藍霧漸漸變濃然後又慢慢轉淡，淡到幾乎散去看不見時，摯峻也跟著消失了。

2 司馬談的憂慮

阿遷把牛牽進後院安頓好，就走進屋子。屋裡有蔥燒黃魚的油香味，阿遷撲上前去抱住娘：「好棒啊！今天有魚吃！」

身材豐厚，有著像春陽般和藹面容的婦人轉身瞄阿遷，笑咪咪的說：「你回來啦？快去洗手，待會你爹就到家囉！」

阿遷點點頭，順從的舀起一杓水洗手。阿遷的娘轉身抓起青菜丟入鍋中，啪茲油珠四濺，突然，她聽到背後傳來一聲悶哼。她回頭：「阿遷？」

阿遷沒有回答，只是咬著牙飛快的把手上的水珠甩乾，因為水沁到傷口的地方好痛。

阿遷的娘蓋上鍋蓋，把菜端到桌上，叫住正要往外走的阿遷：「你又跟人家打架啦？」

「不是打架，是路見不平，拔刀相助！」

阿遷的娘把阿遷拉到面前，仔細的檢查阿遷的臉，她的手指輕輕的點著阿遷額頭上的腫包：「這個該不會就是你拔刀相助，結果刀柄撞到自己造成的吧？」

阿遷有點疼，可是他沒退縮，他眼睛直直的看著娘，把今天下午的情形告訴她。阿遷越說越氣，忍不住提高聲音：「他以為他是牛主人就可以為所欲為，我聽了很不服氣，就說，你是主人又怎樣？就算是皇帝，也不能隨便傷害生靈！」

聽到這裡，她急忙搗住阿遷的嘴巴：「別亂說話！」

阿遷眨眨眼表示他知道了。她再問：「你身上的傷就是這樣來的？」

阿遷點頭，眼裡滿是得意：「他們三個竟然打不過我一個！」

她聽了又好氣又好笑，正在幫阿遷上藥油的手指忍不住稍稍用力

推了推。阿遷眼睛一眨，忍痛沒出聲，忽然他像是想到什麼似的說：「我今天還交了一個新朋友，叫做摯峻，他家住在下村，剛搬來龍門這裡。他跟我一樣都是個喜好打抱不平，有正義感的好漢。」

她忍不住笑出聲音來，她放輕力氣慢慢的揉著阿遷的腫包說：「你小小年紀學人家什麼好漢？多讀書才是真的。今天你爹回來一定會考你背書，到時候背不出來，你就別想要你爹帶你去龍門峽。」

阿遷嚷著：「我早就背熟了，不信我背給您聽。」阿遷還沒出聲，屋外就先傳來一聲牛叫。

「奇怪，阿花的聲音怎麼不太一樣？」她一邊說著一邊放下藥油罐子，走到後院一看，忍不住倒抽一口氣，她看見家裡養的阿花旁邊站著一隻陌生的老牛，老牛看見站在她後頭的阿遷，忍不住又開始哞哞叫，像是在跟他撒嬌似的。

　　她驚訝的說：「這是誰家的牛啊？還斷了一支角？」她邊說邊回頭瞪著阿遷。

　　阿遷理直氣壯的回答：「我想保護牠嘛！只好帶牠回家啊！」她嘆了一口氣，憂愁的瞅著阿遷心想：這孩子遲早會因為自己的正義感惹出大禍！

　　吃過晚飯，阿遷在廊前背書給父親司馬談聽。這天，是司馬談放省親假回家探望阿遷母子的日子。

　　司馬談坐在廊簷下，聽阿遷流利的背著《詩經》，臉上不禁露出讚賞的表情：龍門這裡的陽光與土地滋養出阿遷勇壯的筋骨和樸實的個性，讓他一點也不像那些京城長大的孩子那般不經摔。他摸摸鬍子，看著這個額頭寬闊，眼露聰慧光芒的兒子，心裡實在驕傲極了。

　　司馬談心想：我自己懂的終究有限，想讓他有大作為，遲早得讓他走出龍門。

就在司馬談為阿遷盤算未來時，門口傳來鄰居的呼喊：「司馬老爺在家嗎？」司馬談放下經書，上前看看是誰來了。

阿遷轉頭，看見下村的伯伯站在門口和爹說話。他仔細一瞧，伯伯的後頭還站了一個孩子，那個人不就是今天田邊那個拗斷牛角的扁臉小子嗎？

司馬談一邊和伯伯說話一邊拱手道歉，伯伯也頻頻彎腰點頭回禮，然後司馬談就帶著伯伯和扁臉小子到後院去。司馬談回頭看了阿遷一眼，眼裡閃著火花。阿遷頭一垂，知道自己應該到哪裡去……。

幽暗的祠堂裡，蠟燭靜靜的燒著，阿遷跪在祠堂裡邊，看著裊裊上升的香煙，心想：獨角牛以後的處境不知道會怎樣？

他一心一意只為那頭牛擔心，根本沒想到自己也可能大禍臨頭。

司馬談走進祠堂，阿遷察覺父

親進來了，一句話猛然竄出口:「牛被帶走了嗎?」

司馬談噓了一口長氣，慢慢的搖著頭說:「難道你心裡只掛念著那頭牛，一點都不替你自己擔心?」

「我又沒做錯事，我是……。」阿遷還沒說完，司馬談就替他接話:「你是有正義感的好漢是嗎?」阿遷嘴一嘟，沒有辯駁。

司馬談說:「你有沒有想過你這樣做，反而會給那頭牛帶來更大的災難?」

阿遷睜大眼睛說:「怎麼可能，我不救牠才是大災難呢!」

「救了牠又如何?你以為你這樣做就可以改變那些孩子的行為嗎?牛還是他的牛，壞還是任他壞，這些環節並不會因為你的介入而有所改變，但是，如果你今天任事情自然發展，或許會生出轉機。」阿遷聽得似懂非懂，兩道濃眉還是蹙著不放，好像仍不信服。

司馬談說：「天道循環，自有一套運行法則，什麼都不強求，不去干涉它的循環，才不會破壞自然的平衡。」

阿遷忍不住插嘴：「爹說的這些我聽不太明白，不過，如果照爹這樣想的話，那荊軻刺秦王的事又怎麼算？也是徒勞嗎？」

「荊軻刺秦王不是徒勞嗎？看事情不能只看單一，要通盤了解，戰國的局勢不是只有秦王一人造成，殺了他依舊會有其他的秦王出現，荊軻死前倚柱而笑，笑聲蒼涼悲壯，想必也是因為突然領悟人終究無法勝天！」

阿遷聽父親這樣說，腦裡忍不住一股血氣往上衝：「爹，難道說我們什麼事都不做嗎？看到不平的事不問，聽見不合理的事不聞，這樣的生活和混混沌沌的獸類有什麼差別？」

看著這個跪在眼前的兒子，兩

隻眼睛像天上的寒星般閃著灼灼的光芒，司馬談很清楚，阿遷骨子裡流淌的義氣就像黃河的水滔滔不絕，可是，這股義氣若是不好好克制，終有一天，它會氾濫，甚至淹沒了他自己的生命。

司馬談長嘆一口氣把阿遷扶起來說：「記得爹說過的崔杼弒莊公＊的故事嗎？你仔細想想我們再談，去睡吧！」

「你訓斥過阿遷了？」阿遷的娘還沒睡，看見司馬談進來，連忙問起阿遷。

司馬談點頭：「說過了。」他揉揉太陽穴，像是很疲累似的。她看著

放大鏡

＊崔杼弒莊公　春秋末期，齊國權臣崔杼在臨淄發動政變殺死了齊莊公。殺君之行為義理所不容，但百官懾於崔杼權勢敢怒不敢言。據《春秋左氏傳》記載，崔杼殺了莊公後，齊國的太史官便在史書上寫道：「崔杼弒莊公。」崔杼火了，立刻把史官殺掉。可是事情還沒完。史官的弟弟來了，還是這樣寫：「崔杼弒莊公。」崔杼又火了，又把他殺了。可是史官的第二個弟弟又來了，接著寫道：「崔杼弒莊公。」崔杼洩氣了，只好認輸，不殺了。

司馬談兩鬢生出不少白髮，忍不住有些心疼的說：「朝中的事很累吧？唉，其實像以前那樣，你一邊耕讀一邊教導阿遷，不是也挺好的，為什麼一定要當官呢？」

司馬談說：「太史令這職位可以看見許多外人不可能讀到的古書，對於以前的歷史可以有更通盤的了解，將來我把這些都教給阿遷，阿遷的前途一定不可限量。」

她心裡不贊同，她想：你安排的路阿遷未必肯走啊！眼前，她不祈求阿遷前途無量，只擔心他那直言重義的個性不知道會給他招來什麼樣的前途？

當晚，司馬談夫妻兩人腦裡擔心的竟然都是同一件事！

那天晚上，阿遷做了一個夢，他夢見自己和摯峻都變成魚，他拼命的想跳過龍門峽，就在阿遷正要躍過時，一波河浪打在摯峻頭上，摯峻被打暈了，眼看就要摔在石頭

上，阿遷見狀急忙往後一彈，撞開
摯峻，然後，他就直直的朝著峽谷
墜落，墜落……。

「啊——！」六一八驚呼著從夢
中醒過來。一睜眼，發現自己還在
自己的床上，屋內的遮光鍵不知道
何時已經被按下，屋子籠罩在一片
曖昧不明的暈黃之中。

「神腦」偵測到他已經醒了，
於是自動取消遮光鍵，一剎那，屋
子馬上因為人工太陽的照射變得明
亮暖和。神腦螢幕自動開啟，陶莉
的臉出現在上面:「六一八，你早，
第一次時空轉換的經驗怎樣？還好
吧！見到那個司馬遷了吧？他到底
是不是真的像時空電視劇裡的那樣
啊？」他點頭，嚥下一陣噁心感。

六一八是第一個回到過去的
人！掌管時空轉換儀的他，負責的
工作就是把時空轉換儀顯示的歷史
裡面，對社區有害的部分給剪掉，

保留無害部分製成時空歷史劇供社區公民欣賞。

時空轉換儀共有七層，前面三層都由「先生」親自控制，剩下四層才交給其他人負責篩選，所以事實上六一八所看到的史實已經是被篩選過，幾乎無害的了。「先生」認為原生人寫的史書大多是不理性不客觀的紀錄，對公民有害，所以通通列為違禁品燒掉，公民想看歷史就收看時空轉換儀傳回來的顯像，因為「真相始終來自於機器」，機器才是最客觀理性的史書記錄者。

但是上回六一八按錯按鈕，看到第二層時空轉換儀有關司馬遷的顯像，因為太過震驚以至於不小心把顯像播送出去，雖然引起的恐慌馬上被弭平，但還是有人建議要成立「真相調查委員會」調查此事，而回到過去這個危險的任務，當然必須由自製人六一八來承擔。

但是這時空轉換的經驗並不好受，昨晚從漢朝轉換回來時，他的胃就不斷的翻攪，鬧得他很想吐。

陶莉發現他臉色很難看，於是關心的問:「既然時空轉換那麼不舒服，你為什麼不乾脆承認錯誤，幹嘛還要親自回到那麼不文明的原生時代自找苦吃！」

六一八搖頭苦笑：他哪裡願意！但是他只不過是個自製人，哪有選擇的權利。

再說「不文明」？他想到阿遷那雙澄澈的眼睛，說起不平事憤憤的模樣，那種熱血奔騰，充滿感情的人就是不文明嗎？他不自禁打了個問號。

看著窗外整齊劃一的城市，調節有度的空氣與陽光，內鍵「蜂蟻程式」的複製人準確的朝著自己的目標前進，他發現自己開始想念與阿遷認識的那片田野。

3 龍門峽之遇
擦出來的火花

　　密密的林子一片寂靜，司馬遷只聽見自己踩在枯葉上的聲音。啪茲啪茲的碎裂聲，聽在耳裡，彷彿是落葉在嘆息生命的消逝。儘管林子幽暗，密如傘蓋，他仍然覺得悶熱難挨，拭去臉上的汗珠，他用力吸吸鼻子，大概是風向的關係，他竟然聞到一絲水氣，想到多年未見的龍門峽應該就在不遠處了，阿遷不禁加快腳步。突然，林子後方也傳來葉片碎裂的聲音，阿遷回頭，一個逆光的黑影站在幾步遠處。黑影朝他走近，輪廓越加清晰，一個似曾相識的面孔映入眼瞳。

　　「你不記得我了？」少年開口，比出獨角牛的姿態。

　　司馬遷拍額:「你是摯峻？」

　　「好記性!」摯峻打量眼前的阿遷，幾年光景，他長得更加高大，

25

劍眉底下的一雙丹鳳眼炯炯有神，已然褪去童年時的淘氣，顯得穩重大方，但是那股抹不去的熱情仍然可以從豐厚的嘴唇中讀出些許。

司馬遷大步向前握住摯峻的手說：「好久不見，你怎麼會在這裡？」

「知道你往那去，我特意追你而來。」摯峻說。

司馬遷挑眉：「啊？」

摯峻笑了，說：「我誆你的。我剛好也想去龍門峽看看，沒想到這麼巧，正好碰到你也去龍門峽。」

司馬遷釋然笑說：「是啊，真巧，想不到我們還真有緣！」

摯峻心想：當然有緣，我穿過幾千年來尋你，這緣不淺哪！

摯峻跟著司馬遷前行，邊問：「聽說你們搬到茂陵去了，那裡離長安城很近吧？長安，如何？」

司馬遷停下腳步皺眉思索，林鳥嘀啾成群飛起，他的思緒隨著起飛的鳥群回到初抵長安的情景。

他與摯峻初遇那年，漢武帝為了在自己的陵寢附近建造都市，所以頒布了一項命令，說凡是移居茂陵者，都賜錢二十萬，田二頃。司馬談認為這是司馬遷越過龍門開眼界的大好機會，於是就決定舉家遷至茂陵。長安距茂陵僅十公里，是以司馬遷有許多機會可以接觸長安碩儒們的文化薰陶。

他父親司馬談的上司孔臧，正好是當今古文大儒孔安國的堂兄，於是司馬談特意拜託孔臧幫忙，讓司馬遷得以順利拜入孔安國門下學習古文。

司馬遷永遠記得他進入學堂的第一天所受到的對待。

那天，學堂裡詩書琅琅，司馬遷既興奮又期待的進入學堂。

孔安國還沒進學堂，但是學堂裡已經坐了黑鴉鴉一片學生。司馬遷的出現中斷了正在誦書的學生。

站在前方帶領大家誦書的男孩

瞥他一眼，他的眼睛掃過司馬遷樸素的棉布衣，開口:「你走錯了，廚房在後面。」

司馬遷皺眉:「我是司馬子長，今天開始在這裡跟孔老師學古文。」

那男孩眼睛一橫，鼻子輕哼一聲，突然，他站直身子眼珠擺正恭謹的說:「老師早!」

司馬遷回頭，看見孔安國正站在後面。剛才的情景孔安國看得一清二楚，但是他並沒有多問，只是教司馬遷找個位子盡快坐下。司馬遷強壓著火氣坐在靠窗的位子上，一會兒，他的思緒就漸漸被孔安國抑揚頓挫的講課聲給吸引住了，慢慢的沉澱在古文的義理之間。

下課了，方才那個帶頭的男孩子，率著一群同樣穿著華麗的男生靠近阿遷，為首的啐了一口痰說：「長安城裡又沒田可耕，你這個關西＊鄉巴佬跑來這裡做什麼?」

一陣血氣衝上司馬遷臉頰，他

吐了口氣，試圖平撫自己胸中激盪的氣流。一會兒，他笑著說：「我聽說長安的牛都愛穿絲綢，用兩隻腳走路，我很好奇，所以特地來見識一番。」

為首的男孩大怒，漲紅臉說：「你才是關西牛，滾回關西拖犁去吧！」其他的學生們紛紛拍掌大喊：「關西牛，關西牛！」

「吵什麼？」一聲低沉的斥吼，是孔安國。男孩轉頭有些驚慌卻仍然強自鎮定，他拉拉衣袖：「孔老師，這個關西來的小子取笑我！」

孔安國哼一聲：「是嗎？我倒覺得他的比喻一點也不差。」

放大鏡

＊關西　秦漢時代，以崤山和函谷關為分界，以東稱關東，以西稱關西，關西人尚武，關東人尚文，故古有諺語「關東出相、關西出將」。司馬遷故鄉位於夏陽，夏陽地屬關西，司馬遷被視為關西人，被當作只知習武沒有文采的鄉巴佬。關西為秦國立足發展之地，漢朝初年地域觀念極重，長安城位在關東，關東人瞧不起關西人，認為關西人乃是前秦遺民，性好猜忌的漢武帝更因此貶抑關西出身的將軍或是文官。漢朝名將李廣也是關西人，關東關西軍之爭造成李廣自刎、李陵敗降，也間接促成司馬遷的悲劇。

　　男孩臉一紅還想爭辯，孔安國眼睛一瞪，那群孩子全把話給嚥下去。他繼續說：「你們這群小子，書上的道理沒懂多少，以地域劃分黨派，嘲笑排擠他人的技倆倒是很熟練啊！關東關西有什麼差別？不都是大漢的子民嗎？你們在這裡因為出生地不同而鬥爭的同時，別人早就埋頭用功，突飛猛進一大半了！」

　　聽到司馬遷轉述孔安國的一席話，摯峻突然一陣鼻酸，當初他離開保護區初抵複製社會時，為什麼就沒有碰到一個像孔安國那樣的人幫他說話呢？

　　時代的進步，科技文明的發達並沒有解決人類劃地分派，好鬥攻訐的習性。幾千年前的漢朝如此，幾千年後的複製時代也是如此，摯峻想到自己一路走來，步步艱辛，為了入籍複製社會放棄自己原有的一切，他不禁溼了眼眶。

　　司馬遷以為摯峻為他難過，他

拍拍摯峻的肩膀說：「摯峻，不要緊的。我並不會因為這樣而自卑啊！他們的輕視剛好成為我更努力的能源。一開始，他們認為我這個來自龍門鄉下的小子，大概是連『今文』＊都不認識幾個吧！可是後來發現我這隻關西牛不僅會犁田，還會使筆，他們就沒敢再笑我了。再加上，最近又發生了一件事，更是令他們對我刮目相看。」

「什麼事？」

「前陣子，董仲舒先生在長安學館公開講學，他是專門研究《春秋》的學者，我父親託人幫忙，給我占了一個位子聽課。當時我問董先生一個問題。當場有許多人都愣住了，一會兒，有個小侯爺掩著嘴笑我是哪裡冒出來的野人，竟然會提出這麼沒水準的問題。」

摯峻睜大眼睛：「那你怎麼說？」

＊今文　指漢朝通行的隸書。

司馬遷眼睛燃起兩道炬光，他的嘴咧得更大：「我還來不及說，董先生就先說了，他笑咪咪的走到那個小侯爺面前說，那麼你來說說，這個沒水準的問題的答案，究竟是什麼？他支支吾吾半天，一張臉漲得像豬肝一樣紅，拼命搖扇子左看右看說，好熱好熱，然後就掩著臉彎著腰出去了。」

摯峻一聽擊掌大笑：「哈哈，活該！」

司馬遷抿嘴一笑繼續往前走，摯峻追問一句：「不過，你到底問他什麼？」

「我問他，什麼是『歷史的本質』。」他撥開樹葉，抬頭看見不遠處一匹白練從天而降：「看，龍門峽就在前面。」兩人於是大步向前。

走近龍門峽，轟如雷鳴的流水聲充斥耳內，他們兩人看見高聳入天的峽壁，從峽口上垂吊而下的黃河像是從天上落下來似的，流水淙

淙激濺，不斷在岩石上撞出大朵水花，但是，一過峽口，因為山漸開峰漸闊，所以河水也就漸趨平穩，慢慢的向前流去。

水聲太大，摯峻提高音量問：「他有說什麼是歷史的本質嗎？」

司馬遷瞇起眼睛，敘說當時的情景：「那個小侯爺溜走後，董老師轉過頭來盯著我看，他開口問我，你說呢？什麼是歷史的本質？」

說到這，司馬遷又想起董仲舒那溫和的面孔，想起他眼裡閃爍的煦煦柔光，一股暖流在他心裡流動，他清清嗓子，朗著聲音說：「我回答說，我父親曾經跟我說過崔杼弒莊公的故事。他說，如果當時沒有史官存在，就沒有人把當時的真相留下來，那麼崔杼的惡行就等於不存在，換句話說，史官留下了歷史的真相，留下真相的用意，就是要讓後人來評斷。所以我認為，這就是歷史的本質。」

「那他聽完說什麼?」摯峻問。

司馬遷撿起一顆石頭放在陽光底下細看,邊說:「他沒說什麼,只是問我願不願意跟他學《春秋》!」司馬遷轉過頭,他的臉像陽光一樣燦爛:「你知道嗎?董老師從不輕易收學生,有許多人想入他的門下學習他都不收。我當時開心得差點在學館裡唱起歌來。」

「又唱『易水寒』嗎?」摯峻想起初遇時的情景。

司馬遷撓撓頭,不好意思的笑說:「以前的事你還記得?小時候仰慕荊軻,所以才會發生獨角牛那件事,不過當晚獨角牛的主人就找上門了,我因此被我父親說了一頓,隔天他帶我來龍門峽這裡,又給我說了一課。」

司馬遷說:「我記得父親問我,龍門峽的河水力量大還是平穩時的河水力量大?他說,像荊軻那樣的劍客在歷史上擦擊出來的火花,就

好比龍門峽的水花，一瞬間，河水或許會改變，但是，峽口一過，漸趨平穩的河水，力量也不可小覷，你沒看？多少尖礪的石頭都給它磨去了渾濁的雜質，剩下真真實實的內在。」

司馬遷掂掂手中的石頭，然後往峽口拋擲，咚的一下石頭就沒入水中不見蹤影，他說：「看到了嗎？我父親認為我當時所表現出來的愚勇，就像那顆石頭，蹦！一下子就不見了。他要我效法崔杼那時的史官，憑著一股雖死難當前亦不屈的勇氣，留下真實的紀錄供後人批判，他說這樣做才是真正的大義。」

司馬遷與他在龍門山下分手，他看著司馬遷的身影漸行漸小，他心中的問號卻越來越大：真實的紀錄？感情滿載的原生人，所留下來的紀錄，真的會比機器來得理性可靠嗎？藍色光暈再次掩蓋一切，他眼一閉回到未來的世界。

「原生人的紀錄怎麼比得上機器的紀錄來得公正客觀呢?」先生邊說，邊叫醒六一一八。

剛從漢朝轉換回來的他，噁心感比上次強烈，即使吃了藥，仍然有一種想把內臟往外吐的感覺，他鑽進被窩裡蜷縮成一團，但是先生硬是叫醒他看另一架時空轉換儀。

只是才看幾眼，他就愣住了。眼前充滿血腥與暴力的畫面，讓他實在不敢相信，那樣恐怖的殺戮，竟然就是他才剛轉換回來的那個空間──漢朝，這樣一片哀鴻遍野的戰場，與那個芳草青青，恬淡宜人的龍門鄉間，竟是同一個世代！

先生說:「這就是漢朝人所謂的舉國振奮的大勝仗。那個叫做劉徹的皇帝，表面上說是為了保障人民安全，其實還不是好大喜功。你看，他底下的將軍衛青和匈奴人打仗的樣子，多麼原始野蠻，這麼多

原生人的生命換來的是什麼？是他長平侯的爵位，以及劉徹的虛榮。這些原生人的熱情就是投身在這種血淋淋的你爭我奪之中。他們的腦袋全被那些自以為是的熱血給淹沒了，全被那些在上位的人任意操縱控制，怎麼能分辨什麼是真什麼是假？還有，你想一想，換作是匈奴人作記錄，他們會怎樣看待這場戰役？那些『偉大』的史書還會說這些戰役是偉大的勝事嗎？六一一八，原生人所謂的歷史真相，都只是站在自己的角度作記錄，不管他如何公正，都會有看不見或者是不願意看見的視覺死角，因為他們是人，但是機器不同，『真相始終來自於機器』，因為機器不會被感情左右，只有機器，只有時空轉換儀，才能真真實實記錄歷史！」

先生知道，六一一八有些嚮往司馬遷記錄歷史的方式，而這個方式恰恰是複製社會的大忌。

　　先生把時空轉換儀一切掉，轉頭盯著他，眼神嚴肅：「六一八，要理性不要感性，司馬遷就是太感性才會變成那樣，難道你想學他落後的舉動？上次你不小心把對公民有害的歷史洩漏出去，在社區裡造成不小的恐慌，為了平息爭議，『真相調查委員』才會派遣你去調查，只要你圓滿達成任務，就可以入籍複製社會了，你要加油！可別再犯錯了！」

　　先生消失後，他再度陷入迷惘：落後的舉動，是指我漸漸生出的那種感性多於理性的情緒嗎？他想起阿遷唱「易水寒」的慷慨激昂，那股澎湃洶湧的熱情，那種欲求正義彰顯於世的浪漫情懷，充滿感情的原生人就是落後嗎？

　　他迷惑了，司馬遷像是一顆火種，只是他不知道這顆火種會在新紀元或者是他身上引燃什麼樣的火花？或者，還是會熄滅？

父子的爭執

　　西元前 129 年，匈奴人入侵上古郡，被大將軍衛青擊敗，這是漢朝人第一次打敗匈奴，這次的勝利沸騰了整個長安城，國家的興盛鼓舞了司馬遷年輕的心，熨沸了司馬遷身上的每一條血管，每一條血管都在跳躍，都在鼓譟，嚷著說也要闖一番轟轟烈烈的事業。

　　司馬遷坐在書桌前，眼裡看的是《左傳》，心裡想的卻是幾萬里以外的大漠黃沙。閉上眼睛他彷彿見到滾燙的砂礫上，白煙蒸騰，鐵甲與汗水，皮革與馬臊融合在一起，形成一股熱情洋溢的味道。

　　滾滾黃沙之中升起一個模糊的人影，人影逐漸清晰——他身著龍袍，威儀萬千，他是漢武帝。這樣雄才大略聰明果斷的皇帝，正是司馬遷想要投注熱情的對象。司馬遷

心想：連一個馬夫都可以封侯拜將，我為什麼不行？雖然我來自關西，但是，我相信，只要我肯努力，有朝一日，我必定可以在皇上身邊大展長才。

「你在想什麼？」司馬談進門，看見兒子若有所思，他關心的問。

司馬遷臉一紅，把心中的想法告訴父親。他告訴父親，他不甘願只當個小小的史官，鎮日埋首在石室金匱中蠹食古書，刻竹簡觀星象，他想飛黃騰達，他想一飛沖天，司馬遷越說情緒越高亢，眼睛也越說越亮，臉也一越來越紅，像是一顆熟透的番茄，裡面包含著即將迸出的熱情。

可是，司馬談卻越聽眼神越黯淡，他的臉也越來越紅，也像是一顆熟透的番茄，可是裡面包含的卻是即將迸發的怒氣。

「你說什麼？」司馬談緊握雙拳，手背上浮現出一條條青筋。聽

見父親的聲音帶著顫抖，司馬遷有些訝異，他停嘴看著司馬談，司馬談深呼吸幾口氣，說:「孔子作《春秋》而亂臣賊子懼，正是因為有史官這個堅持與執著的監督者，帝王將相才不敢胡作非為。可惜，自從孔子作《春秋》之後，這五百年之間的歷史是一片空白。我們漢朝雖然也有史官，不過也只是聊備一格，從事一些觀察星象，掌管朝廷圖書和施政檔案之類的工作而已，雖然皇上不重視我的工作，雖然別人對我冷眼相待，但是我不在乎，因為我胸中懷有把這段空白的歷史接續下去的使命，唯有恢復史官神聖光榮的傳統，帝王將相才會對自己的作為有所警惕，歷史的真相才有可能流傳下去。我早先那麼辛苦的栽培你，就是希望你也能懷有這份使命感，讓史官的傳統承續下去，這才是我們司馬家子孫該有的職志。」

　　「我知道爹的想法，爹曾經教誨過我，一世的功名努力，充其量只能成就一個君王、創造一個盛世，這樣的紀錄縱使輝煌卻如流星般短暫，但是史官不同，史官的紀錄會流傳萬世，千秋不朽。可是，爹，像衛青將軍那樣為大漢朝開疆闢土一樣也會名垂千古啊！更何況當今皇上用人唯才，只要肯努力，我相信自己一定能夠光耀門楣，做出彰顯家門的豐功偉業來。」

　　司馬談大喝:「你懂什麼？如果皇上真的用人唯才，為什麼會一再貶低李廣將軍？當年文帝還曾誇獎他，說他若是生在漢高祖時候，一定可以封個萬戶侯，結果呢？這幾年他在攻打匈奴的戰事中成績輝煌，屢屢建功，可是只為了一次敗仗，因為寡不敵眾他戰敗被俘，後來僥倖逃回來，希望能有將功贖罪的一天，結果等待他的，不是體恤他九死一生的朝廷，而是一紙殘酷

無情的命令——貶為庶人。若不是匈奴人忌憚李廣將軍，逼得皇上再召回他做右北平太守，恐怕李廣想要再騎馬廄殺一展將才，就只能在棋盤上得全了。」

司馬談語氣裡滿是悲憤的說：「唉，皇上用你的時候你才是才，皇上不用你的時候，你連柴都不是。人家說官字兩張嘴，一張專門用來逢迎拍馬，一張則專門用來說是非。想要在官場中打滾的人必須要像藤蔓一樣柔軟無骨，隨時伸出敏銳的觸鬚攀著權貴往上爬，像蛇一般冷酷無情，可以從容優雅的跨過殘弱孤苦的同伴繼續前行。但你都不是，你正直有骨氣，浪漫多情義，這兩點都是為官的大忌啊！兒子，爹不是不讓你往上爬，實在是龍門路多艱險，稍有不慎就會跌得粉身碎骨啊！」

「可是，爹，如果人人都只想往平坦的路走，那麼國家還有希望

嗎？李廣將軍明知道皇上刻意貶低關西人，但是他仍執意拼上一拼，我想他在乎的並不是自己能不能封侯，他為的是我們大漢朝世世代代的光榮與穩固啊！只要能效忠皇上，為大漢朝增添一絲光亮，縱然要我粉身碎骨，把自己燒成灰我也甘願。」

司馬談一掌掃落几上的花瓶，瓶子碎裂片片：「你說什麼？」司馬遷的娘推門進來，把司馬遷推出門外。

「不要氣了，喝杯茶吧！」她拉著司馬談坐到另一邊去，然後拾起掃帚把破瓶子掃成一堆，司馬談嘶著聲音說：「別掃了，這是我造成的，待會我自己來。」

「你也知道這是你自己造成的？」她拾起一塊破瓦片說：「這瓶子本來是柔軟的泥巴，安穩的躺在田野之中，風吹日照，花花草草在上面生生不息，偏偏你要把它挖出

來，揉捏成你要的樣子，再用火燒啊烤啊，把團泥巴變成這麼美這麼利這麼硬的瓶子，誰造成的？是你啊！」

司馬談說：「我只是希望他能繼承我的志業，當個史官啊！」

「孩子大了，當然會有自己的想法。」她笑著輕撫司馬談的背脊：「再說，為了一個正在皇宮的高床軟臥裡睡覺的外人，傷了你們父子的和氣，這不是太好笑了嗎？」

司馬談搖頭嘆息，不再說話。

星子稀少的夜晚，天上黯淡無光，就像司馬遷現在的心情。

他想不到爹會這麼生氣，爹辛辛苦苦的栽培他，彎著腰到處拜託人家給他找好老師，省吃儉用準備束脩*給他拜師學經，這麼用心栽培他，不就是希望他有光宗耀祖的

*束脩　十條一束的肉乾。古人用為初次拜見老師的禮物。後用以代稱學費。

一天嗎？為什麼他說出自己的志願時，爹會如此震怒？太多的不解在他腦袋裡晃盪，他敲敲頭，在院子裡坐下。

他知道史官是個有意義的工作，可是，司馬遷忍不住自言自語：「如果我可以做的事不只是寫史呢？現在正是我大漢朝發達興盛的時候，匈奴的威脅漸漸遠去，又逢當今皇上英明，凡是有志之士都應該戮力報國，共同為漢朝的綿延不斷努力，壯大我們的國家啊！」

司馬遷的心聲全被正在時空控制室偷看違禁史料的六一八窺見。

六一八覺得司馬遷說的這些話好耳熟，他想起自己初抵複製社會時，陶莉好像也對他說過類似的話。

陶莉說：「這是個最美好的時代，我們有偉大的『先生』領導我們前進，凡是我們複製社會的公民

都要認真進取，共同為我們的國家締造美好的未來！」

看來複製時代與漢朝的相似點可真不少啊！六一八回想司馬遷的一言一行，他的心開始蠢動。

以前他把複製社會當作天堂，可是現在他開始懷疑，總是隱瞞真相的複製社會，一切都由機器控制，所有的人都要照著程式設計行動的社會，真的是天堂嗎？沒有選擇的他們比起原生人來真的比較進步嗎？

越趨濃烈的好奇心讓他決定繼續查閱所有的違禁史料。

他越看越氣憤，越看越心慌：原來，一切都是假的，一切都被控制了。

看著時空轉換儀裡的司馬遷，他只有感動只有嚮往：什麼時候，我也能大聲的說出心裡的想法，大膽表達心裡的感受呢？

5 董仲舒的建議
司馬遷的決定

　　端午節剛過，驕烈炙人的太陽突然變得黯淡無光，涼颼颼的風吹過，太陽遂躲入厚重的雲層不敢再露面，一會兒，豆大的雨點爭先恐後的落下，一股砂礫夾著焦草的味道飛入學堂裡面，司馬遷突然好想不顧一切的衝到雨中淋個痛快，就像小時候在龍門一樣。

　　「子長？」

　　司馬遷回頭，是董仲舒先生。

　　「從早上開始你就一直心神不寧，我特地把你留下來抄寫《春秋》就是想問問，你究竟怎麼一回事？」

　　司馬遷搖頭：「沒什麼。」他本來不想把最近與父親爭吵的事告訴董仲舒，但是接著想到董仲舒也曾有過和李廣類似的遭遇＊。於是司馬遷就把他心中的困擾說給董仲舒

聽。

「老師，您後悔嗎？」

「後悔進入官場？」董仲舒問：
「不會。對於做過的事，只能檢討，後悔，是沒有用的。而且，如果沒有經過這些事，我對《春秋》的體認又怎麼會如此深呢？就像孔夫子，他當初若沒有周遊列國一遭，看盡王侯官將爭權奪利的醜惡面，看遍百姓民生的聊苦不堪，怎會了悟到，憑著做官從政再也無法改變這個世界，於是作成《春秋》一書以正亂世之風呢？」

「孔子作成《春秋》，就能改變世界嗎？史書的功用那麼大？」司馬遷問。

董仲舒清清嗓子說：「對於那些

放大鏡

＊武帝建元六年，辯士主父偃彈劾董仲舒所寫的奏摺，說他在譏刺皇帝，害得董仲舒被捕入獄，幾乎被處死刑，幸虧漢武帝臨刑前反悔，下詔赦免他的死刑，改以免除中大夫一職作罰，後來董仲舒雖然又被拜為膠西王相，但董仲舒已無心在此，因此幾年後就辭官專心修學著書，不再涉入官場是非。

坐在權力的高位上，以為能隻手遮天的暴君、佞臣們，歷史恐怕是最後一道防線。想要靠律法制裁位高權重者是不可能的事，因為律法是人為的，一旦被掌權者操縱，不僅公平正義不得見，更糟糕的是律法會變成惡虎的爪牙，專門用來撕裂無助的百姓。這時候，能讓暴君佞臣懼怕的就只有史官那枝筆了，他們害怕自己胡作非為會流傳萬世，讓後代子孫罵上千萬遍，所以只好稍加收斂自己的作為，所以啊！史官的位置很重要，他就像是帝王將相的監督者，你說，史書的功用不大嗎？」

聽完董仲舒的話，司馬遷陷入沉思，他覺得自己現在彷彿站在兩條路的中央，不知道該向右轉還是向左走。

「很徬徨？」董仲舒問。「這樣吧，我給你個建議，你今年也十八、九歲了，趁著年輕到外面闖蕩

闖蕩，親自感受一下書上讀過的地方，或許會有不同的感受。將來不論是要為官或是修史，這樣的經歷都對你有幫助。」董仲舒目光灼灼的看著司馬遷說：「記住了，路該怎麼走，你只能自己決定，一旦決定之後，無論路途多麼艱險，都不可以放棄。」

司馬遷把董仲舒的建議說給父親司馬談聽，司馬談聽完之後，撚鬚沉思許久，一會兒他抬起頭來說：「這樣也好，我最近整理圖書時，發現戰國末期到我大漢朝開國之初的史料皆不完備，我一直想自己去走訪考察，可是我有官職在身，根本走不開，我看你就幫我到各地走走看看，收集一些資料，順便增長你的閱歷與見識。」司馬談停頓一下，似乎還有話要說卻又不知如何開口。

司馬遷看父親眉毛鎖得好緊，才幾天光景，頭上的白髮又增加好

幾縷，他心裡忍不住一陣翻騰，懊惱自己前些日子不該惹父親生氣。

司馬遷說：「爹，您的教誨我一直放在心上，您的期望我也很清楚，您放心，不管我將來選擇哪一條路，我一定不會辱沒了我們司馬家的門楣。」

司馬談舉起手停在半空中，一會兒他把手輕輕放在司馬遷肩上：「爹知道你有自己的想法，你這麼優秀，爹從來就不擔心你會辱沒我們司馬家，只是，我們做父母的總是經常處在矛盾之中，孩子生得平庸，就擔心他無法出人頭地，拼命想辦法讓他竄出頭來；孩子過於優異，又害怕他遭人忌恨，無法平安順當的過日子。唉，總之，這趟旅行，你要小心照顧你自己，不要讓你娘操心。」

司馬談的這番話讓司馬遷忍不住又紅了眼眶，他默默退出房門。

雨過天青，院落的陽光柔柔的

灑落一地，樹影交疊在青石板上織成一幅圖畫，像是一張錯綜複雜的路線圖。他抬首，發現院落那棵有著錯綜樹影的雀榕，不知道什麼時候竟掛滿了鬚根，斜屈的樹幹不禁讓他想起，父親彎腰就著熒熒豆光在竹簡上費力書寫的背影，司馬遷咬著下唇，像是有所覺悟般抬起腳來，跨出第一步。

6

萬里遨遊

　　司馬遷決定遊歷後，他的母親就帶著他先回家祭拜祖宗，希望祖宗保佑他一路平安，在龍門鄉下，司馬遷又遇到摯峻，摯峻知道他要到各地遊歷的計畫，就說也想跟著去。司馬遷想多個人作伴也好有個照應，就答應了。兩人於是一塊乘著驛車出發。

　　在車上，摯峻問司馬遷：「我們首站要去哪裡？」

　　「江淮，我想先去看看淮陰侯韓信的故鄉。」

　　韓信是當初幫漢高祖劉邦打下天下的大將，但是後來卻被呂后以謀反的罪名斬首示眾。

　　淮陰的鄉人們領著兩人來到韓信母親的墳前，指著那個好大好大的墓地說：「我們淮陰侯啊！年輕時就志氣高昂，他母親死的時候沒錢

辦喪事，但是他卻執意要把墳墓築得高高的，而且占地要很大，大到旁邊足夠建造一萬多戶房子才行。」

摯峻掩嘴小聲說：「這個韓信的母親很胖嗎？為什麼築這麼大的墳墓呢？」

司馬遷抿嘴笑著說：「不是啦，先人的墳墓築得越大越高，表示後世子孫爬得越高，地位越顯赫。這表示韓信年輕落魄時就自信滿滿，認為自己一定有封侯拜將的一天。」

「他既然地位顯赫，還是開國功臣，為什麼後來又被砍頭呢？」摯峻不解。

旁邊一位白髮老人聽到摯峻的話，立刻睜大眼睛氣呼呼的說：「這個小兄弟問得好哇！我們淮陰侯當初可是蕭相國騎馬追了三十里路才把他追回來的，他帶兵的才能，立下的功勞是天下人有目共睹的，可是你看看他的下場多可憐，最可惡的是這蕭相國竟然也在誘殺淮陰侯

的事件裡參了一腳。我記得曾經有個叫做蒯通的人幫淮陰侯看相，勸他要趁早獨立，說不定可以謀天下大位，但是淮陰侯偏偏不聽，弄到最後被逼上絕路，唉，人家說這兔子捕光了就把獵狗宰來吃，說得真不錯。」

坐上驛車，司馬遷回頭看著高聳的墓壘感慨的說：「這些擅長打仗的將軍似乎下場都不好，他們難道都忘了不管多銳利的寶劍，也是需要刀鞘的保護嗎？」

摯峻說：「對啊！你看他還沒發達時就把墓造得那麼誇張，發達之後氣焰一定燒更高，搞不好就是燒到皇帝屁股邊上，皇帝才會氣到砍了他腦袋。」

司馬遷笑著指摯峻說：「我怎麼覺得你比以前開朗，比較愛說話。」

摯峻偏頭想想：有嗎？他自己倒沒有察覺有什麼改變，只是每次一來到原生時代，他的心情就特別

輕鬆，因為這裡沒有「神腦」時刻記錄他的情緒，也沒有測驗等著他去完成，再加上一想到可以伴著司馬遷一同出遊，不用趕著回複製社會報告研究成果，他心裡就更加開心。

離開江陰之後，他們繼續往南走，參觀戰國四大公子之一——春申君的故城，然後上會稽山看「禹穴」。會稽山當年是大禹會天下諸侯、計算貢賦的地方。禹穴就是因為大禹經常進出這個山洞才得名，大禹的子孫越王句踐也在會稽臥薪嚐膽了十年才復國。

看完了禹穴、禹墳之後，司馬遷想順便西行到湖南的九夷山憑弔虞舜。之後順著湘水南下到達長沙北邊的汨羅江畔祭拜屈原。

到了汨羅江畔，正值夕陽西落，江面泛著點點金光，司馬遷走向一個老漁夫，跟他打聽屈原的事蹟。

老漁夫摘下斗笠一揮，說：「如果你們不趕時間，等我生火烤兩尾魚，咱們邊吃邊聊好嗎？」

司馬遷幫著老漁夫生火打點烤魚，魚上烤架後，老漁夫打開酒壺喝了一口，轉頭看著江水漸漸被黑夜籠罩，他嘆口氣：「這幾年我在江上打漁時，心裡總想著，像屈原大夫這樣的好人實在不該早死啊。」

老漁夫開始敘述屈原的遭遇：當年屈原在江畔流連，哭嚷著這個世界太過汙濁，只有他一個人是乾淨的，又說大家都喝醉了，只有他是清醒的。有人勸他乾脆跟著天下一起醉，或是跳進髒水裡把自己也弄髒！屈原大夫不肯，他說剛洗完澡洗完頭的人必定不肯戴髒帽子穿髒衣服，所以人怎麼可以用自己乾淨的身子去碰骯髒的東西呢？說完不久，他就投江自殺了。

想到屈原有志不能伸，被誣陷迫害的遭遇，司馬遷不禁紅了眼

眶，摯峻搖頭嘆息：原生人的世界似乎充滿了不公平，小人總是得志，有良心有才華的人卻常被逼得不是自殺就是殺人，難道全是因為人的理智不足，無法作出正確的判斷嗎？

司馬遷突然站起來：「老先生，您的船借我一用，我想到江上看看。」

「可是現在天黑黑的，江面也是漆黑一片，你要看什麼？」

「漆黑一片正好符合當時屈原的心境，我想體會他當時的感受。」司馬遷說。

今天是初一，沒有月亮，司馬遷站在船上，看著眼前一片黑暗，孤獨的小船在江上漂流著，忍不住掉下眼淚，他想到同樣也是被讒言陷害，而排擠到長沙的洛陽少年賈誼，他同樣也是才華過人，同樣也是年紀輕輕就死了。

「唉！當初賈誼在這裡憑弔屈

原作〈鵩鳥賦〉時，大概就已經猜到自己活不長了。有才華卻不得發揮己長，真是悲哀啊！」司馬遷想起自己的父親，空有滿腹學問卻得不到重用，想到歷史上諸多有才學抱負的人也敵不過讒言兩三句，他現在慢慢了解父親為什麼那麼擔心他做官的原因了。

但是，司馬遷仍然不願放棄自己的夢想，他對摯峻說：「縱使我知道我的下場會像他們一樣，我還是想試試自己的能力，無論如何我絕不放棄，我相信只要我堅持到底，未來一定有出頭的一天。」

聽到司馬遷這麼說，摯峻沉下眉頭，如果他知道自己的下場，還會如此堅持嗎？想到時空轉換儀的影像，摯峻忍不住打了個寒噤。

司馬遷看摯峻臉色不對肩膀又抖著，於是脫下自己的斗篷披在摯峻身上：「當心天寒露溼容易著涼，當年賈誼就是這樣才會生病死去。」

說完他走到船頭。

身上只著一件白袍的司馬遷衣襬飄飄，高踞在船首，開始吟唱屈原和賈誼的作品，摯峻看著他的背影，開始掉下眼淚，他走到司馬遷旁邊傍著他。晚風迎面撲來，斗篷迎風招展，像一隻黑色的大鳥伸出翅膀好像要保護什麼似的。

離開了愴涼的汨羅江，兩人轉向東北到山東去拜訪孔子的故鄉。

到了山東曲阜，司馬遷在孔子居住過的地方盤桓數日，他對摯峻說：「孔夫子的《春秋》我不知道熟讀了幾遍，現在親自參觀他的廟堂，心裡很感動，如果可能的話，我真想親自向他請教一番。」

摯峻看著外面的行人，心想：這裡的人似乎特別溫文，這裡的房子看起來也特別典雅，會不會是因為孔子的關係？因為有一個這麼有學問的人在這裡生長，所以這個地方才會變得如此有味道。看來，讓

城鎮變得獨特的不是雄偉的建築，而是特別的人。

重感情的原生人，他的影響力有這麼大，大到能將靈氣灌注在沒有生命的磚牆裡嗎？想使世界更美好不是都應該透過機器的設計嗎？怎麼人也行？摯峻實在不解。

懷著一肚子的疑問，兩人來到鄒薛，昔日這裡是孟嘗君的封地。一進城門，司馬遷就對摯峻說：「你跟我跟緊點，不要東張西望。」

摯峻也感覺到這裡的氣氛和魯國很不一樣，有的人走起路來兩隻手向外甩，胸膛挺得好高，講話的聲音又粗又大聲；有些人站在街角縮著脖子，眼珠子左右轉啊轉，像老鼠一樣吱吱的說話。

走著走著，兩人的肚子都餓了，決定先找間茶館用飯。

茶館裡的氣氛很活潑，客人們大聲講話大口飲茶，兩人的陌生面孔很快就引起其他人的注意，有人

聽說他們此行的目的後，都紛紛上前貢獻自己所知，談論關於孟嘗君生時的軼事，有人說，孟嘗君喜歡養士，士不分好壞通通收留，養士最多時曾達到六萬多家。

當他們談得熱絡時，突然，有個客人盯著摯峻手指上的戒指說：「你手上戴的是什麼，一閃一閃的，是寶石戒指吧？」

出於本能，摯峻把手藏到桌下：「這不是什麼寶石，只是一個不起眼的戒環。」他不知道該怎麼向這群原生人解釋時空轉換環就是啟動時空轉換儀的按鈕。司馬遷看摯峻有些窘，於是故意岔開話題：「您剛才說那個雞鳴狗盜是什麼故事啊？」

問題一出，大家的注意力就被轉移過去，沒有人再注意摯峻手上的戒指。

走出茶館，兩人決定到街上看看，突然，幾個扛著布袋的人撞向他們，摯峻被撞到牆邊，他覺得左

手被人用力拉扯，低頭一看，一隻毛茸茸的手掌正在脫他的時空轉換環。環很緊，摯峻使勁掙脫，司馬遷看到了急忙跳過來想擒住那個搶匪，其他同夥上前絆住司馬遷，用布袋砸他的頭，司馬遷左閃右閃，好不容易接近摯峻又被推開。拔戒指的搶匪急了，臉一橫，抽出腰間的匕首猛的朝摯峻手指上一砍。

「啊丫！」一聲尖叫隨著一股血柱噴灑而出，搶匪握著鮮血淋漓的手指把摯峻一推，其他人把布袋擲向司馬遷就一哄而散。

司馬遷急撲向摯峻，用力壓住摯峻的傷口，喊著：「摯峻，摯峻！」

疼痛像海浪，一道比一道強烈的撲打著摯峻，他掙扎著，一會兒就暈了過去。

疼痛，似乎是很久以前的事情了。

以前在保護區生活時，他聽說

河對岸的複製社會有種萬靈丹，專門解決疼痛這件事，無論是多嚴重的傷口或疾病，只要吃顆萬靈丹就可以解決一切。

媽媽生小妹時，在房裡痛得唉唉叫，他躲在門外聽到了也跟著掉眼淚，他問爸爸：「為什麼不要跟複製社會的人要一顆萬靈丹給媽吃，她就不會那麼痛了呀？」

爸爸一掌巴在他頭上：「我們原生人寧願痛死，也不要當機器的奴隸。」

媽媽後來死了，老人家說她是因為生產過程太久，承受不住疼痛，痛死的。媽媽死後不久，他跳進河裡往對岸游去。他不想再當原生人，他要到對岸去，他想當複製公民。到了對岸，他才知道，複製社會稱他們這種從對岸游過來的叫自製人——意味從母親子宮生出來的人。慢慢的，他發現，從保護區游過來的人一年比一年多。沒有痛

苦的環境誘惑太大，大家寧願相信機器，屈服於科技製造出來的優渥生活。

剛到複製社會，他就發現，阻撓他入籍的不是複製人訂定的測驗，而是自己的同鄉──自製人。因為名額有限，為了爭取機會，自製人裡多的是踩著別人的頭頂往上爬的傢伙。這點，與漢朝的官場文化幾乎是一模一樣啊！

漢朝？司馬遷？這兩個名詞用力的撞著六一八的腦袋，「鏘」的一聲，他猛然從床上坐起來。甜香味混雜著柔和的光暈形成一層膜包裹著他，他覺得身體輕飄飄的，好舒服啊！這是哪裡？

「你醒了？六一八。」陶莉站在再生膜外面看著他：「幸好當時我正在閱讀你傳回來的時空顯像，要不然你就只好一輩子留在那個落後的地方了，還有，你的手指我已經用因公受傷的理由幫你申請一級複製

卡，下午就可以進行複製了。」

這裡不是保護區？也不是漢朝？而是複製社會！糟了，陶莉把我運回來的過程該不會被司馬遷看到了吧！六一八心想。

「你放心，司馬遷當時並不在房內。」陶莉說。

他起身說：「司馬遷發現我突然離開，一定急壞了，不行，我得趕緊回去。」

「你急什麼？」陶莉阻止他：「身體還沒復原就想進行時空轉換，難道你不怕在轉換的過程，細胞會全部壞死嗎？」

在時空轉換時，身體的細胞會全部重組並產生大量輻射能，以他現在的體力，不僅無法負荷重組時產生的輻射能，而且還會導致全身細胞壞死。

陶莉說：「六一八，依先生的意思寫一份報告交出去算了，再這樣下去我擔心你撐不住。你就寫說上

次漏出去的顯像是你假造的吧！」

「我漏出去的明明是真相，憑什麼要我說謊？」他咆哮著。

陶莉臉色大變：「六一一八，控制你的情緒！這麼不理性的態度當心被降級不能入籍當複製人！」

他抬頭看看仍在監測一切的神腦，抿抿嘴低聲道歉：「對不起，大概是不舒服，我待會多吃一顆藍藥丸鎮定情緒。」

陶莉搖搖頭，她擔心六一一八的身體，更為他堅持調查而憂慮：「你這樣堅持下去，除了賠上自己還會有什麼結果？萬一你證明上次洩漏出去的是真相，複製社會會變成怎樣！」

「我不知道！」六一一八仰頭看著藍得不自然的天空，長久以來，複製社會一直被機器控管，氣候、環境，人們的所見所聞，過去的歷史，大家的身體、感情都被控制著，創造出這個社區的先生雖然一

直口口聲聲說，這一切都是為了大家好，然而經過比較，他再也不覺得當個沒有選擇權的接收器是幸福的。

　　說真的，一旦機器營造的美好社會瓦解了，會產生什麼變化連他自己也難預料。只是他心中隱約覺得：或許剝開那座人造的蒼穹，人類才會看見真正的天堂！

　　坐在橋墩上，司馬遷往下看，心想著：不知道摯峻現在在哪裡？
　　在鄱薛被搶，摯峻受傷，司馬遷扶著他回客棧休息後，就急忙出去買藥，誰知道一回來就發現摯峻不見了。司馬遷問遍客棧裡的人，在鄱薛街道上來回找了好幾遍，還是不見摯峻蹤影。有人說那夥人可能是從彭城來的，說不定摯峻心疼被搶的戒指，所以追往彭城去了。於是司馬遷趕緊動身往彭城走。
　　彭城是漢朝開國皇帝劉邦的發

73

跡地，也是西楚霸王項羽的首都，他曾在這裡以三萬精兵大敗劉邦的五十六萬大軍。彭城東北方就是劉邦及蕭何、曹參、樊噲等人的家鄉。司馬遷一邊找尋摯峻的蹤跡，一邊訪問當地遺老，收集漢朝開國元勳的軼事，他得知：猛將樊噲原來是在市場殺狗賣狗肉的攤販；蕭何、曹參兩位相國當初都是管犯人的牢頭，至於漢高祖劉邦年少時則是個酒色不拒，愛吹牛的無賴漢。

　　如今司馬遷站的這座橋就位在下邳——彭城的東北方，據說當年張良就是在這座橋上遇到黃石老人，傳授給他太公兵法。

　　在彭城停留許久，司馬遷沒有找到摯峻的下落，但是對於當初楚漢相爭的經過以及漢朝初年那些重要人物的個性，卻因此訪問得清清楚楚。司馬遷猜想摯峻大概不在這裡，只好黯然離開彭城，轉往大梁。

　　大梁以前是魏國的首都。當時魏國的信陵君仍受重用時，因為賢明愛才，養了三千多個才智兼備的食客，因此諸侯們都不敢進犯魏國，後來魏王聽信讒言不用信陵君，秦國得知後進攻魏國，把大梁城北邊的黃河河堤掘開，引河水淹灌大梁城，造成死傷無數，魏王只好開城投降。

　　現在，司馬遷就在這塊著名的古戰場上憑弔徘徊。

　　傍晚，他登上大梁城北邊的山丘，看著滾滾黃河被落日餘暉給染成紅色，想起當初秦魏決戰的慘狀：當年水淹大梁之時，黃河水大概也被死傷的百姓染紅一片吧！唉！司馬遷嘆息：帝王之路，一步一血印，他的龍位不是金箔貼成的，而是無數在征戰中死去的百姓、士兵的枯骨砌成的！

　　往左眺望黃河西方，司馬遷想起他的故鄉龍門。

出門遊歷至今也快一年了，這一路走來，藉由當地父老的口中，他彷彿欣賞了一齣又一齣精妙生動的歷史劇，各地的風土民情，遺跡勝景不僅開闊了他的眼界，也拓展了他的胸襟。對於未來，他隱隱約約有了一個輪廓，知道應該怎麼走了。

收拾行囊，他決定回家。

7 另一段人生旅程

劈哩啪啦的鞭炮聲震耳欲聾，一整天進出司馬家道賀的客人們更是絡繹不絕。

「恭喜啊！太史公，貴公子高分考上『大學』，成了『博士弟子員』，將來再加把勁考上『郎官』長伴君側，你們司馬家就出頭天囉！」鄰居嚷著。

司馬談拱手微笑答禮，但是笑容裡卻有些失落。他原本以為，遊歷歸來的司馬遷鎮日埋首整理那些收集來的史料，應該是願意接下他的棒子了──專心寫史，沒想到漢武帝的一項新措施可能又將改變他的未來。

原來，漢武帝登基不久時曾聽從董仲舒等人的建議，罷黜各家博士，只留下儒家的五經博士。

然而當今的丞相公孫弘認為應

該更積極為國家招募優秀的人才，所以他建議漢武帝，成立國立大學，設「博士弟子員」為這些博士招收學生，一個博士收學生五十人，然後舉辦考試，只要學生成績優異，五經中通曉一經的話，就可以當「郎官」。

　　「郎官」就是跟在皇帝身邊的侍衛，感覺有些像戰國時代王公貴族們的「養士」或「食客」。雖然郎官在行政上沒有特定的職務，也沒有固定的員額和辦公室，皇帝隨時想到什麼事就差遣他們去執行，但是因為隨侍皇帝左右，所以出頭的機會非常大。依照漢朝舊有的規定，年收入二千石以上的官吏，才可以把兒子或兄弟選送為郎官，要不然就是家產在五百萬石以上才另有辦法用錢買官位。

　　司馬談年收入才五百石，家裡也沒什麼錢，所以並不奢望司馬遷能當上郎官，但是司馬談卻希望司

馬遷能考上「博士弟子員」，順利進入國立大學讀書，因為這樣一來司馬遷就可以接觸到更多有名望的大學者，更助益他學識的精進，對於史書的撰寫會更有幫助。於是司馬談便鼓勵司馬遷去報考「博士弟子員」。

考試放榜，司馬遷果然高分上榜。但是司馬遷卻告訴父親，他將來還要考上「郎官」，為朝廷效力。

司馬談見司馬遷心意已決，也不再多說什麼，他知道孩子長大了，終究是要走自己的路，雖然他心裡擔心司馬遷選的這條路未來可能崎嶇不堪，可是他能做什麼？司馬談左想右想，心裡漸漸浮出一個想法。

從司馬遷考上「博士弟子員」那天起，司馬談幾乎整天都在宮裡忙到很晚才回家。司馬遷好幾次想跟父親談談他進入大學唸書的計

畫，卻都因為父親回來太晚，只好作罷。他心想：父親是不是因為我說我想考「郎官」，所以才生氣啊？

終於，這天司馬談提早回家，他一進門就高興的說：「阿遷的娘，你去幫我打點酒，買半隻燒雞，再多做幾樣菜好嗎？兒子過幾天就要離家唸書去了，今天晚上，我們父子倆要好好喝上幾杯，聊一聊！」

幾杯酒下肚，司馬談從書房拿出一冊書：「阿遷，這是爹送你的禮物。」

司馬談送兒子的書叫做《六家要旨》。在這冊書裡，他把戰國時流行的六家學問——陰陽、儒、墨、名、法、道各家思想做了有系統的整理與批評，並把道家思想置於首位。

「這本書是爹這些年來詳讀各家學派之後做的整理，希望對你將來在研究學問時有些幫助，若是你

真想為官，想追求更大的功名，這本書應該也可以給你一些啟示。」

司馬談多日不眠不休的趕工，原來就是為了要趕在司馬遷離家前把書完成送給他。司馬遷手指輕輕劃過父親交給他的書簡，看著父親浮腫泛紅的雙眼，他喉嚨裡像塞了一團布似的說不出話來：這書上的一筆一畫可都是父親的心血啊！

司馬遷抬頭：「爹，您放心，我已經不是從前那個盲目崇拜偶像的小孩子了。前年旅行時，我親自到各地走訪前人遺蹟，感受很深。我發現，真正影響整個天下的，其實就是在朝為官的那一小撮人，推動歷史前進改變歷史的也是他們，因此我認為與其做個被動的史官，循著歷史軌跡作記載，不如先主動參與創造歷史，為天下蒼生謀福利，使歷史的真相變成永恆的真理！」

司馬談沒料到司馬遷的想法竟是這麼深，他又驚又傲，且喜且

憂：「爹知道你的志向從來就不小，這次考試，主考官歐陽高先生就跟我說，你將來必然可以考上郎官，還說或許有朝一日作為會勝過司馬相如先生也不一定。只是，爹認為，在官場，真理掌握在權力的手上，誰擁有權力誰說的話就是真理，所以皇上說的話就是真理，當權派做的事就是真理，你想改變這個事實，恐怕要付出很大的代價。」

「爹放心，您不是說過，還有史官可以制衡他們嗎？若是有朝一日，我發現權力已經完全控制真理時，我一定會想辦法讓真相流傳下去，做一個歷史真相的發聲人，讓後世子孫都知道前人的所作所為。」司馬遷說得慷慨激昂，眼裡臉頰都閃著亮光，彷彿手上擎著火炬似的。

司馬談很欣慰兒子終於有了想接棒的念頭，但是，不知道為什麼，他仍然覺得憂心忡忡。

　　司馬遷的娘拍一下司馬遷的手說:「別說這麼多了，我不管你有什麼偉大的理想要實現，也不懂留什麼真相真理給後人傳承的道理，我只知道你是我兒子，我只要你活得平安快樂就好了。」

　　司馬談一甩頭驅走心中不祥的預感，他舉起酒杯大聲說:「是啊！這麼好的日子我們應該開懷痛飲，慶祝我司馬談後繼有人囉！」

　　是晚，父子雙雙醉倒。幾天以後，司馬遷收拾行囊，踏上另一段人生旅程。

8 求學心得

　　自從進入大學之後，司馬遷發現大家的目標都擺在「郎官」甄試。不僅任教的「博士」們在上課時，經常講當官的好處，一起讀書的同學們似乎也都認為求學的目的就是為了當官，有的同學甚至把每個人都當作自己的競爭對手，不與他人交談，一下課就躲在角落唸書，深怕別人的學問贏過自己。

　　司馬遷很厭惡這樣的求學氣氛，他常想：若是摯峻也在這裡就好了，自從鄜縣薛一別，就再也沒有他的下落，不知道他現在是生，還是……。

　　這天課後，司馬遷留在書閣溫書，研讀父親臨出門前交給他的《六家要旨》。

　　突然，一陣風襲過，油燈閃爍，牆壁上現出一個扭曲的人影。

司馬遷回頭，書櫃那兒站著的，是摯峻！司馬遷大驚，拋下書冊握住摯峻的手：「你怎麼會在這裡？」

摯峻笑了，說：「知道你在這……」

「所以特地追我而來。」司馬遷接過下半句話：「唉呀，你真是的，當初找不到你，差點急死我。你到底去哪裡了？」話沒問完，司馬遷突然睜大眼睛，扳開摯峻左手：「你的手指頭，全好了？」

摯峻抽回左手藏在背後：「有個名醫幫我醫好的。」

司馬遷心想：哪個大夫如此高明，有辦法讓斷指重新長出來？

對於不告而別和斷指重生，摯峻支吾帶過，他只告訴司馬遷，說自己也考上了「博士弟子員」，所以兩人今後可以一起讀書了，司馬遷聽了非常高興。

他對摯峻說：「有你一起唸書作伴真好。以後，我不愁沒人和我說

話了。」

「怎麼？這邊的人都不說話啊？」摯峻問。

「他們會說話啊！可說的全都不是真心話！」司馬遷嘆氣:「要他們對天下局勢提出自己的看法，不是在華麗的詞藻裡打轉，要不就是說一堆冠冕堂皇的大道理，不論老師說什麼都點頭說是，不論皇上做什麼都說對，這樣的話不如不說！」

摯峻聽了不禁想到：在複製社會想不說真心話，是不可能的事。每個公民腦裡都要裝上腦像顯影，你心裡想什麼，「神腦」隨時都會監測到。當然，比起從前，人的隱私沒有了，可是相對的去掉了隱私，人也就割掉了大半的惡膽，對於國家當然是好的囉！

摯峻想，光就這一點，複製社會的確比漢朝進步，可是當他說出自己的想法時，司馬遷竟不贊同。

「你剛才說的什麼未來以後怎

樣，我聽不太明白，不過，」司馬遷
說：「我認為為了知道大家真正的想
法，就派人監聽監看，這樣是很可
怕的，像當初商紂王挖出比干的心
一樣可怕。因為強挖出來的往往不
是真心或是真相，而是一種扭曲的
人性。你認為在你剛剛說的那種每
個人想什麼都馬上會被人知道的地
方，人會敞開真心還是把心矇上？
一個人人把心矇起來的國家，比地
獄還可怕！」

　　比地獄還可怕？摯峻臉色煞
白：複製社會是地獄？不可能，那
裡沒有隱私，所以沒有猜疑，所以
沒有罪惡，怎麼會是地獄？摯峻百
思不解。

　　「兩個男人這麼晚了還在這裡
說真心話，想不讓人懷疑你們居心
何在實在很難！」一盞油燈從書櫃後
移出來，燈光旁邊是一張窄額塌鼻
刀片唇的臉孔，張瀾——當今廷衛
張湯的族弟，靠著關係爬進大學，

目的當然也是為了當官。

他就像他的族兄張湯一樣，長著典型官僚的軟骨，腰是彎的，嘴是油的，會逢迎拍馬，還會設「法」害人。他最討厭司馬遷，認為大學應該設條限制──不准關西人進來。

張瀾舉起油燈在摯峻下巴邊游移，嘴裡嘖嘖作響：「你就是那個前些日子請病假，所以至今才來的學生？」說著他突然朝油燈一呼，火苗往前一彎噬了摯峻一口，摯峻一駭猛一後跳，搗住被燙到的臉頰。

司馬遷氣憤上前，推開張瀾：「你做什麼？」

張瀾聳聳肩：「我以為關西人個個臉皮都像牛皮一樣粗厚，想不到這小子臉皮像女人一樣嫩，怪不得？」張瀾眼珠子往上一兜，輕哼一聲：「噁心！」

司馬遷右手搶過油燈左手揪住張瀾的領子：「好，那換你被燙燙

看，看你們關東人臉皮多薄！」

張瀾掙扎閃躲，一不小心弄翻了油燈，司馬遷怕書閣燒起來急忙滅火，張瀾趁機逃開，臨走前惡狠狠的瞪著司馬遷說：「司馬遷，你們兩人躲在這裡議論朝廷是非，當心有一天我族兄張湯定一條『腹誹』之罪來治你，關西牛！哼！」

他走後，司馬遷說：「像這種油滑的舌頭，應該用米漿把它燙得硬梆梆的，才不會給社稷帶來禍害。」一回頭，發現摯峻已無蹤影。

司馬遷內心不禁替摯峻擔憂，不知道他的傷勢如何。隔天，摯峻臉上看不出任何燙傷的痕跡，他對受傷的事也絕口不提，只是勸司馬遷不要在意那些無謂的紛爭，努力用功。

二年後，司馬遷果然如願考上郎官，但是他在榜單上尋了好幾遍都沒有看見摯峻的名字，他一問，才知道摯峻根本就沒有應考，摯峻

的鄰人說他上研山學道去了，並把摯峻留下的書信交給司馬遷，司馬遷急忙打開信：

阿遷：

看到這封信的同時，我想你應該已經考上「郎官」了吧！

同學數載，與你一起遨遊浩瀚書海，我們歡笑與共，哀愁同享，我想，與你相識相處的時光，必定成為我的人生中最美好的部分。

回首過去，我驚覺：從見面那一天算起，原來已經有十年之久。

人生有幾個十年啊！

時光淘洗我們，在我們身上留下銘刻的痕跡，這些痕跡是無論如何也無法抹滅的。

有些事情我必須好好想一想，所以，我要離開一段日子，你不要來尋我，也不必為我掛心，倒是你自己，千萬要多珍重，為你日益年邁的雙親。

摯峻

看完信後，司馬遷佇立良久，兩人的過往一一浮現心頭，他深深的嘆了一口氣，把信摺好塞回胸口，慢慢的走回家。落日西垂，照著他細長的身影更顯孤單。

看著鏡子，六一八摸摸自己的臉頰。從漢朝回來後，右眼下方被燙傷的水泡早已經消失了，可是那股灼熱感好像還留在身上，彷彿身體裡面有顆火種已經被點燃似的。他拉開抽屜取出藍色小藥丸，放在掌心端詳。

自從認識司馬遷後，他已經有好幾次故意忘記吃藥了，看著鏡子裡的自己逐漸變回原來的樣子，他忍不住有些興奮。套上寬大的袍子他走出廁所——唯一允許的隱私空間，坐在桌前發愣。

「吃藥囉！」陶莉走進來:「又想回去漢朝？你放心，等你身體好了之後，就可以回去了。」

每次時空轉換就會產生許多輻射損害身體器官，因為六一一八還不是複製人，器官受損無法立即更換，只好一段時間就進入冷凍艙接受治療。這回的治療期特別長，六一一八一想到要那麼久才能見到司馬遷，他心裡就有些著急。

陶莉端詳六一一八，狐疑的問：「我怎麼覺得你最近好像變得比較不一樣了？」

六一一八摸摸自己的臉：「有嗎？」他心一驚，刻意壓低聲音：「我哪有不一樣，你別亂想。」邊說邊把藥丸拿起來吞進去。

陶莉一走，六一一八假裝咳嗽卻偷偷把藥丸吐出來放在掌心捏碎，他轉頭看著自己越來越圓潤的臉龐，越來越鮮豔的嘴唇，嘴角抿起一抹笑，他心想：再過一陣子，身體好一些，我一定要回去找司馬遷！

李廣的不祥之兆

　　過幾日就是司馬遷的娘的生日，於是他特地上街想幫娘找支簪子送她。逛著逛著，他聽見前面傳來熟悉的聲音，抬頭一看，正是這幾日剛從關外回朝的李廣將軍。

　　李廣曾被貶為庶人，後來又被召回做右北平太守，在司馬遷二十三歲的時候，李廣被任命為九卿之一的郎中令，算起來他還是司馬遷的上司呢。不過李廣長年銜命參與征伐，所以在朝的機會並不多。

　　司馬遷素來久仰李廣將軍的驍勇善戰，特意驅前想問候一聲，但只見李廣臉色灰白的從算命攤前離開，司馬遷打消問候李廣的念頭。轉而請教算命先生，問：「請問方才那位先生怎麼了，為什麼臉色如此難看？」

　　算命先生搖搖頭說：「我看他印

堂中有黑氣，於是好心叫他要多加小心，尤其要避開缺水的地方，他大概是聽了我的話之後才會這樣吧！」

印堂有黑氣？避開缺水之地？司馬遷心想：該不會是要他不要參加這次攻打匈奴單于的事吧！這怎麼可能，李廣可是把這輩子的功名都賭在上面了。

自從漢武帝登基之後，就把治國的重心全放在如何擊破北方匈奴，好顯揚國威。照理說，像李廣這樣的勇將應該受到漢武帝的重用才是，但是漢武帝卻處處壓抑關西軍出身的李廣，提拔外戚衛青、霍去病出任大將軍、驃騎將軍。

說起衛青此人，雖然也是個將才，但是司馬遷入朝觀察他久了之後，發現他更擅長諂媚皇上，對於漢武帝刻意貶低關西軍的政策，衛青全力配合。所以他從不指派重要任務給李廣，也從不給李廣戰術和

戰力的支援，因此雖然李廣參加過大大小小七十多次戰役都屢建奇功，但卻始終無法封侯，反而李廣原先的屬下一個個爬到他頭上去。

就是因為如此，所以今天早朝時，李廣才極力爭取要參加此次的討伐。

但是司馬遷卻聽同為郎官的同事說：皇上雖然表面上答應了，私底下卻把衛青留下來囑咐他說：「李廣年紀大了，而且他的運氣向來就很差，所以你千萬不要把主力軍交給他。」

司馬遷想：依衛青的個性，一定會聽從皇上指示，這麼一來李廣可就危險了，該不該去警告他一下呢？

「先生？先生？」算命先生連喊司馬遷兩聲：「你願意聽我一勸嗎？」

「何事？」

「少言、遠木，否則恐將大禍臨頭！」說罷算命先生收拾攤子起身

離開，轉眼間就消失在人群中。

少言，遠木？是什麼意思？少言大概是叫他少管閒事，可是遠木？難道是要他不要插手李廣的事嗎？

當晚，司馬遷躺在床上左思右想，就是無法入眠，終於，他決定還是要跟李廣警告幾句，這是做人應有的道義！

不料，第二天一早司馬遷趕到李廣家門時，才知道李廣早就已經離家去營地報到了。他只好在心中暗自禱告：希望天佑李廣，讓他安全歸來。

10 李廣公道何處尋

　　大街上鞭炮聲不絕於耳，長安城的民眾夾道歡迎凱旋歸來的大漢軍隊。司馬遷站在人群中看著衛青和霍去病兩人坐在駿馬上洋洋得意的接受眾人的歡呼。聽說漢武帝早在皇宮大擺筵席，準備犒賞衛青、霍去病兩人的部隊。

　　相較於街上歡聲雷動，遍地紅彩帶飄揚，隱在巷子裡的司馬遷卻滿懷哀慟，因為剛從李廣家中出來的他，滿腦子仍縈繞著李廣一家縞衣素顏，跪在大廳前悲悽慘然的模樣，因為──李廣死了，更悲慘的是，他並非如他所願般光榮戰死沙場，而是背著延誤軍機的罪名含怨自殺的。

　　李廣畏罪自殺的消息傳回朝廷時，熟識李廣的人都不敢相信這是事實。司馬遷回家後請教父親司馬

談。司馬談說：「事實真相還是要等部隊班師回朝之後才能確定，傳言畢竟不可信。」

不久，報信的軍隊一回朝，司馬遷就急忙上李廣府打聽消息。

一到李廣家中，就感覺到一股憤慨沖天的氣息。

原本，李廣家中已接受了李廣自刎的消息，可是待聽到與李廣相熟的屬下敘述李廣自刎的經過時，仍然個個哭紅著眼，氣憤連連，尤其是李廣的小兒子李敢，握著雙拳就想衝出門去找衛青償命。家人急忙攔下他，李敢氣不過，摘下郎中令的帽子就往地上摔，然後悲痛的連連撞牆搗頭，嚎啕大哭。

李敢之所以如此氣憤衛青，是因為李廣之死，全是拜衛青所賜。

當日，衛青率大軍出征，從密探得知匈奴的落腳處之後，就立刻更改作戰方式，把最精良的部隊全撥給自己，然後叫李廣與右將軍趙

食其的部隊合併成側翼部隊，繞東道側擊匈奴。

但是自當兵以來就渴望與匈奴單于正面交鋒的李廣不願意。他數次與衛青爭取與單于對戰的機會，但是衛青都不肯答應讓李廣率領主力部隊。

衛青不肯答應的一個原因是為了遵照漢武帝的命令，另一個原因是衛青想要提拔當日對自己有恩的公孫敖。衛青知道這次戰役敵明我暗，勝算極大，所以他怎麼可能把勝利的彩球投給李廣呢？

無可奈何的李廣只好含怨上路。沒想到更不幸的事發生了，可能是衛青忘記編派沙漠嚮導給李廣的部隊，以至於李廣竟然在沙漠中迷路，他們連著數日缺水缺糧，歷盡險阻，終於在回程的路上碰到衛青的部隊。

想不到，疲憊不堪的李廣還沒開口，衛青就對他破口大罵：「都是

你這個不中用的關西牛，要你包抄單于你卻延誤軍機，害得我們白白坐失殲滅匈奴的大好機會，你等著回朝廷受審吧！」

李廣恨恨的說：「我為何『延誤軍機』，大將軍應該比誰都清楚原因吧！」

衛青掃他一眼：「我清楚什麼？」衛青下馬走到李廣身邊小聲的對他說：「李廣，你不要怪我，要怪就怪『天』吧！這一切都是『天意』，誰叫你生為關西人呢！」

衛青說罷掉頭就走，留下李廣一臉錯愕，滾滾黃沙漫天飄揚，沙燻紅了李廣皺紋滿佈的雙眼，半晌，一行淚從李廣眼角淌下，李廣拔劍往下一插，撐住微微顫抖的雙膝說：「罷了罷了，想不到那個算命師的話竟然成真，當真是我以前當隴西太守時，殺害太多羌人，所以天要亡我嗎？想我李廣自束髮從軍以來，無時無刻不謹記為大漢朝立

功的使命。我如此為漢朝盡心，皇上卻從不把我當作他的子民，總是把我們關西人當成外邦前朝的『遺』＊民看待。」李廣轉頭看著周圍同樣滿臉疲累的弟兄們說：「我老了，看樣子這座關東關西的藩籬我是再也衝不破了，你們年輕，日子還很長，我相信總有一天，不分彼此沒有地域觀念的日子一定會來到！」說完他把劍一拔，仰天大喊：「想我征戰沙場，立下多少功勞，如今竟要受那些拿筆的年輕人侮辱，這口氣，我吞不下啊！」

啊聲未歇，只見刀光一閃橫過李廣的脖子，鮮紅的血柱噴灑而出，瞬間染紅了地上的黃沙。

名震天下的飛將軍就這麼死在「沙場」上了！

李廣的冤屈尚未聽完，司馬遷就已經淚流滿面。

放大鏡

＊李廣暗指漢武帝蔑視他出身關西，懷疑他的忠誠度。

　　他掩著臉跟跟蹌蹌的走回家，此刻，他只想大醉一場。因為醉了就看不清這個醜惡虛偽的世界，看不見諸多不公不義的事情了。

　　看見兒子關在房內不出來吃飯，司馬談就知道司馬遷一定是還沒有從李廣的死這件事中平復過來。於是司馬談決定好好跟司馬遷談談。

　　「阿遷，還記得當初你要入朝為官時，爹曾說過的話嗎？」

　　司馬遷點頭：「但是我沒想到人心如此醜惡，爹，真的有天理嗎？若有，為什麼會這樣？」

　　「上天有祂的安排，不過，你若是悲憤難忍，就把這件事原原本本的寫下來吧！老天來不及做裁決的，律法無法制裁的，都交給歷史去評判吧！」

　　司馬談的話敲醒了司馬遷，他想：對，我要把這些事寫下來，雖然，玩弄權術的人無法受到立即性

的判決，但是有朝一日，歷史一定會還給李廣一個公道！總有一天，衛青等人要為他們犯下的罪行贖罪！

11 李敢冤死
司馬遷義憤填膺

　　過了幾日，漢武帝邀請許多文武官員一起到甘泉宮打獵，同行的除了衛青和霍去病之外，司馬遷和李敢也在同行之列。

　　一路上，衛青惶惶閃閃避著李敢，因為前幾日李敢才在宮門前打傷衛青。他怨恨衛青的心眼太小，處處排擠他父親，導致他父親自刎。衛青雖然給揍得鼻青臉腫，但他大概是自知理虧，所以非但不敢與李敢計較，反而處處躲著他，不敢與他正面相向。

　　就在狩獵行間，一隻野鹿突然從樹叢中竄出來，李敢、霍去病等人立即搭弓上箭瞄準野鹿，不料霍去病突然移動箭準，直指李敢心窩一箭射出。

　　毫無防備的李敢當場被一箭穿心，跌下馬來。在場的人全愣住

了。司馬遷更是震驚，他急撲到李敢身邊，扳開李敢的臉，李敢兩隻眼睛睜得好大，一雙濃眉彷彿都要立起來似的，臉上寫著極大的怨恨！司馬遷慢慢的回頭，雙眼瞪著霍去病：「你，你，你竟……」

「竟然被鹿角觸死！」說話的是漢武帝，他一邊巡視眾人一邊慢慢的說：「這是個意外，李敢的運氣真差，竟然在狩獵的時候被鹿角給觸死了，唉，可憐！來人啊！把李敢抬下去厚葬他！」，漢武帝的眼神逗留在司馬遷臉上：「這件事就到此為止，如果讓我聽到有任何人談起這件事時，與我說的『事實』有所出入，我絕對會滅他的九族，讓他碎屍萬段。」說完馬鐙一踢，繼續往前狩獵，衛青等人趕緊踏過李敢的屍體跟上漢武帝。

意外？事實？司馬遷不敢置信的看著漢武帝，他想：這明明就是謀殺，難道皇上瞎了嗎？他轉頭看

看其他人，每個人都把頭撇開，裝做若無其事的跟上漢武帝。

一股逆流在司馬遷胸中亂竄，他站起身來握緊拳頭就想往前衝。種種激烈的舉動在他腦中打轉：衝上前去質問皇帝？把霍去病拉下馬要他跪地認錯？

不行不行不行，他什麼都不行做，因為他若做了，下場會跟李敢一樣。死有何懼，只是這一死，還有誰能把真相帶出宮外，公諸於世？久久，司馬遷垮下肩頭，他什麼都沒有做，只能默默的跟著宦人把李敢的遺體抬出宮門。

是晚，司馬遷又醉倒了。

朦朧之中，他似乎看見摯峻就站在自己的面前。他對摯峻說:「摯峻，我跟著你去研山學道好了！這個醜惡汙濁的世界，我是再也待不下去了！我好恨我為什麼要生在這個時代，為什麼明明都是漢朝的子民，卻必須要以地域來劃分族群，

前朝的遺民又如何？生為關西人有錯嗎？我們可都是拼命在為這塊土地賣力啊！我們付出的血汗一點也沒有比關東人少，可是，為什麼要這樣對待我們啊？」

摯峻沒有接話，其實他本人仍在複製社會這端，只不過他運用時空轉換顯像讓自己的身影投射在司馬遷面前與他對話，他想這樣或許多少可以達到安慰司馬遷的目的吧。

摯峻很清楚司馬遷的心聲，因為出身而被歧視的人，他自己也是一個！自從他放棄原生人身分，來到複製社會之後，盡心盡力，希望能早日通過階梯測驗，拿到複製卡進行全人複製，好成為一個真正的複製人。

為了成為一個複製人，他甚至曾經把原生人的「一切」都拋棄了。可是他發現，其實講求平等正義原則的複製社會和野蠻的漢朝並不

沒有兩樣。複製社會假藉保護原生人的名義和漢武帝壓抑關西人的政策都一樣，都只是在強調自己的正統、唯一地位。

　　摯峻說：「阿遷，我們的夢都該醒了，你和我都不能再把實現公平正義的希望寄託在別人身上，你當初以為皇帝是明君，結果證明他的作為都是為了自己的利益考量，死一個無關緊要的李敢，換一個驍勇善戰的驃騎將軍霍去病來為他劉家打天下，多值得！」

　　「什麼是無關緊要的人？對皇帝沒有利的就是無關緊要的人嗎？沒有權勢沒有關係可以攀附的我們，難道就注定一輩子要任人宰割，受盡欺凌嗎？」司馬遷用力一摔：「不行，我不能坐視不管，我一定要想個辦法為李廣父子平反！我明天就去見皇上把一切說清楚。」

　　摯峻大驚：「阿遷，你忘了你爹說過的話嗎？你這樣做無疑是把小

石頭丟進大海裡，到時候不僅你死了，真相恐怕等到海枯石爛那天也不會浮出來，而且，你要你爹娘怎麼辦？你如果真那麼氣，不妨把這些感情變化為文字，傾洩在筆墨之上吧，或許有一天，真相會因此大白！」

司馬遷說：「好吧！我就暫且把這些義憤之事寫在文章裡面，靜待真相大白冤屈平反的一天吧！」

從這天起，司馬遷漸漸又走上當初司馬談希望他走的路。父子兩人經常一起在國家圖書館整理史料，碰到有些闕漏的地方，司馬遷就會到處去打聽，慢慢的，他們父子就把過去的史料給整理出來了。

12 武帝的求仙之旅

武帝元鼎四年（西元前 113 年），漢武帝又到雍地去求神仙。

這種求神仙的學說是從戰國末年開始的。當時因為天下紛亂，民不聊生，避隱深山的人就特別多，因此也造就出不少神仙之說。到了漢朝，天下太平之後，這些「神仙們」就「下山」到處「鬼混」，引領「有需要」的人走向求神問仙之路。

漢武帝年輕的時候本來就對求仙術非常著迷，加上有次生病正巧因為祭拜「神君」才痊癒，之後他就更相信神仙之說，一些個不肖大臣為了巴結皇上，紛紛引薦許多方士進宮。這次的巡遊活動就是其中一個叫做公孫卿的方士提議的。

公孫卿何許人？

公孫卿是齊人，他說在汾陰挖

出的寶鼎是祥瑞之兆，正巧與神仙賜予他的天書中的預言不謀而合，天書說：寶鼎出，表示皇上可以順利封禪並與神相通。

公孫卿還稟報皇上說，想要成為神仙首先必須到各地的名山巡遊，接著還要把與神仙相通之術學通才行。他以黃帝求仙求了一百年之久才登上仙家為例，要皇上有耐心，並且不准百姓議論求仙之事，違者處刑，如此一來，皇上就可望登上仙家長生不老。

公孫卿建議的當然都是鬼話連篇，可是一心想求仙的漢武帝最愛聽的就是這些裝神弄鬼的話，於是馬上照著公孫卿的建議去做，開始到各地巡遊。

這回到雍地去祭天，司馬遷也在隨侍之列。司馬遷原本以為隨侍皇上身邊，或許有比較多的機會可以勸諫皇上不要再迷信求仙術了，但沒想到根本沒機會靠近皇上。

走在遊行隊伍裡，司馬遷轉頭看著跪在路邊恭迎巡遊隊伍的老百姓，忍不住臉色一暗。

這些老百姓大多衣衫襤褸，雖然都低著頭，可是他能感覺到他們心中的激憤與非議。

這也難怪，之前漢武帝執意攻打匈奴已經消耗了許多國家的財力人力，近幾年他因沉迷於求仙問神之術，把之前文景二帝休養生息所累積的財富都給消耗殆盡，老百姓的日子越來越難過，如今見皇上大肆鋪張，把錢全砸在巡遊活動上，老百姓怎麼可能不氣憤呢？

「唉喲！司馬遷，你這次也隨侍皇上來雍地巡遊啊？」一個熟悉又刺耳的聲音在背後響起。司馬遷回頭一看，是張瀾，他身邊跟著一個身穿白袍，高額塌鼻麻皮臉綠豆眼的胖道士。

「這個就是公孫卿大人，皇上的封禪以及這幾次的巡遊活動都是

公孫大人策劃的！」張瀾得意洋洋的介紹，公孫卿斜睨司馬遷一眼，等著司馬遷下馬跟他彎腰打招呼。

司馬遷心中正一肚子氣不知打哪發，看見張瀾和公孫卿自己送上門當出氣筒，於是睟了他們倆一口，策馬一踢轉身就走。張瀾和公孫卿兩人被馬尾巴掃了一鼻子灰，氣得滿臉通紅！

司馬遷邊策馬邊大笑:「想不到號稱神仙之子的公孫卿也會有吃灰的一天，真是太痛快了！聽說祭天之後，皇上還要到崆峒山去，據說黃帝也到過崆峒山，既然我沒有辦法勸阻皇上，不如利用機會，沿途採訪一些有關黃帝的歷史傳聞，好作為日後寫史書的資料吧。」

司馬遷一邊盤算一邊計畫採訪的行程，只是他沒料到他剛才的舉動竟會給自己帶來了不小的危機。

摯峻的治療期還沒結束，照理

說他應該不能做時空轉換。但是這
天他剛從冷凍艙出來時，陶莉卻偷
偷告訴他，要他盡快回到漢朝，如
果可能的話，最好假裝發生時空意
外，就不要再回來複製社會了。

「為什麼？」

「因為先生懷疑你研究司馬遷
的真正動機，是想破壞複製社會的
進步與和平，所以現在先用治療的
名義絆住你，等收集好證據再處置
你。」

「先生處置人還需要收集證據
嗎？他不是向來想讓誰『消失』就
讓誰『消失』的嗎？」六一一八語帶嘲
諷。

陶莉搖頭：「這回不同，你回到
漢朝認識司馬遷，已經與歷史有糾
葛，必須小心解決，要不然萬一不
小心引起時空地震，讓歷史大亂就
慘了！」

於是陶莉幫著六一一八取得時空
轉換許可，讓六一一八偷偷回漢朝。

13 封禪大典與司馬談之死

　　從崆峒回來隔年，漢武帝要派人出使西南夷招降夷邦，由於西南夷地屬偏僻，是很落後危險的地方，所以沒有人自願出使。張瀾知道後，認為這是陷害司馬遷的好機會，他想：不如慫恿漢武帝派司馬遷出使西南夷，讓那個關西牛吃吃苦頭。於是他建議皇上派司馬遷去。

　　司馬談知道後，心中很擔心，但是司馬遷告訴父親，說這回出使西南夷，正好可以把以前從未遊歷過的地方補齊，這樣一來整個國家他都遊歷過一遍了，對他將來寫史書一定大有助益。

　　就在司馬遷準備出使西南夷的時候，聽見門外有人呼喚他，他走出門一看，一個身材圓潤，面白如玉，頭戴羽冠，身著月牙色袍子的

道士正站在門口。

司馬遷問：「請問你是？」

「我是摯峻啊！」

「摯峻？不會吧，你怎麼一點都沒老，反倒越來越年輕？」

摯峻笑笑說：「可能是我在研山學道有成，所以才會駐顏有術，不說這個了，方才我聽你娘說，你明天要出使西南夷。她擔心你一人出去有危險，正好我也想到各地去雲遊一番，不如我跟你一塊去，我們兩人再重溫同遊之樂好嗎？」

司馬遷聞言大喜，連聲說好，於是兩人再度結伴出遊。

就在他們出使西南夷的同年，漢武帝決定舉行封禪大典。

所謂的封禪就是在名山聖地舉辦祭典，皇帝藉著祭典昭告天地諸神，表示他是賢明的君主，他的王位是天命所歸，合乎天地諸神的期望。其實漢武帝除了祭祀天地之外，主要還是希望封禪時能見到神

仙一面，求到長生不老術。

因為封禪的儀式向來就很神祕，古籍記載並不詳全，所以漢武帝下令掌管祭祀以及天文的史官、儒生和方士聯合制定封禪祭祀時需要的禮儀以及禮器。想不到負責設計儀式的儒生們因為好不容易才受到重用，不是設計出許多祭祀的花招和奇怪的禮器，要不就是攻訐別人的設計。

漢武帝越看越生氣，忍不住大罵：「通通滾開，你們這群飯桶，一點小事都辦不好！」

「皇上息怒！」說話的是公孫卿，他悄聲對皇上說：「皇上，他們根本沒有見過神仙，當然不懂如何設計，依臣之見，您還是把這種大事交給我們來處理吧！」

於是漢武帝就欣然把封禪的事情全交給方士設計。然後依照方士設計的封禪模式，一行人浩浩蕩蕩的從長安出發，前往封禪的首站中

嶽太室山（嵩山）。

司馬談也在隨行的行列中，因為他是史官，負責掌管宗廟祭祀禮儀之類的業務。

漢武帝任由方士瞎搞的態度讓司馬談非常生氣，於是當他們在洛陽歇息時，司馬談勸諫皇上說：「皇上，封禪是何等莊嚴神聖的祭天儀式，希望皇上您能在儀式中虔誠向天地禱告我朝的民生境況，並祈求天地賜福我朝子民，不要再任由方士把封禪給『妖魔化』！」

「什麼『妖魔化』？公孫卿是神仙之子，聽他的建議才能與天神相通，達到天人合一的境界！」漢武帝不高興的說。

「可是我方才聽見公孫卿建議的玉牒書裡根本就不是祝禱詞，哪有人在祝禱時，還要口含翡翠，搖首晃腦，忽而朝南拜忽而朝北拜，這根本就是亂來，把您當猴子耍！」司馬談越說越氣。

漢武帝聽見司馬談把他比作猴子忍不住震怒，破口大罵：「你給我閉嘴，竟敢把我比作猴子，我看你是不想活了，來啊！把他推出去斬了！」

「且慢！」公孫卿伸手阻止：「皇上，封禪大典即將舉行，最好不要殺生，既然太史令與封禪沒有機緣，不妨就讓他留守洛陽吧！」

漢武帝想想也對，但仍是氣呼呼的說：「好，司馬談，你就給我乖乖待在洛陽思過，等封禪儀式過後，我再來處置你，哼！」說完大步離開。

身為太史令，他的意見不僅沒被採納，反而還被摒於大典之外不讓他隨行，司馬談又氣又惱，他聽出漢武帝話中有話，忍不住心中一痛跪倒在地，一會兒他突然吐出一口鮮血，接著眼睛一閉就昏了過去。

這時業已完成使命的司馬遷從

驛站得知漢武帝要到太室山，於是就急奔洛陽，想向武帝回報出使西南夷的情形。

在路上，摰峻好奇的問他：「真奇怪，皇上連年征戰已經花掉大把銀子，為什麼還有經費可以支付這次巡遊的開支和賞賜呢？」

「還不是靠著『平準法』，從京城搜羅各地貨物，便宜時囤積起來，等貴的時候再賣出去，說得好聽是平抑物價，其實是以吏為商，與民爭利，瘦了百姓肚皮，飽了朝廷的荷包！」自從隨侍出遊，看見百姓疾苦之狀，司馬遷心中諸多不滿。

摰峻說：「可是大家似乎都很肯定這些作法啊！」漢代之後的史書對這些方法也頗多好評，甚至複製社會也運用這些法子增加社區稅收。

「誰是『大家』？朝廷訂出政策後，就派許多人到處宣揚這些新政策的好處，一個傳一個就變成大

家都說好，大家都認為好的政策一定有問題，如果不是朝廷宣傳的手段太高明，要不就是百姓心中有畏懼，所以不敢說真話。」

司馬遷的話讓摯峻更覺得：複製社會是有問題的社會，因為每個人的意見都一樣，先生定出來的規矩大家都贊成。連歷史，先生都要控制，不准有不同的真相產生。唉，原生時代有那麼多不怕死的史官敢把歷史的真相寫下來，讓那些不公不義的人有贖罪的機會，讓那些含冤抱怨而死的人有平反的機會，那麼，他身處的複製社會呢？誰有勇氣打破先生一言堂式的統治，掙脫機器的宰制？

司馬遷一抵達洛陽，就赫然發現他的父親司馬談竟然被留置洛陽沒有隨隊東去，而且重病在臥情勢危急。

司馬遷飛奔到父親床前，泣聲說：「爹，怎麼會這樣？您之前不是

還好好的嗎？」

司馬談緊緊拉住他的手說：「阿遷，爹好恨啊！皇帝封禪本來是接續千年的道統，可是這麼莊嚴盛大的典禮竟然被道士耍弄成猴戲，皇上不聽我的勸告也不讓我同行，唉，這一切都是命！」

他掙扎著坐起來，原本黯淡的眼神突然迸出兩道精光：「阿遷，史官是我們的祖業，我不希望我死後這個傳承就斷了，依皇上的個性，我死後他還是會要你接下太史令的工作，因此，爹希望你能在太史任內繼續完成我整理到一半的史料，把它寫完，讓你的著作揚名於後世，以此來顯耀父母，這樣就算是對我盡孝了。自孔子作成了讓亂臣賊子懼怕的《春秋》之後，距離現在已經有四百年了，這中間各國互相征戰卻無人把歷史交代清楚。我們漢朝開國至今也快一百年了，在這其中經歷過多少賢君名主，又有

多少忠肝義膽，為公理正義而死的勇士們沒有被記載下來呢？我原本以為我們父子倆可以攜手合作，一起把這段空缺的歷史給接起來，可是，天作弄人！」司馬談講到激動處，忍不住大聲咳嗽，咳出一口口鮮血，染紅了棉被。

司馬遷邊哭邊撫著父親的背：「爹，別再說了，您歇一會吧。」

「不行，再不說恐怕就來不及了，」司馬談攫住司馬遷的手：「阿遷，你答應我，絕對不要讓我們的家業就此中斷，一定要把這段空缺的歷史給記載下來，答應爹，在史書中撕開那些偽君子的面皮，讓真小人受後世撻伐，讓剛烈正義之士的委屈得以平反，記得，記得啊！」司馬談語音未歇卻提不上氣，只見他眼睛精光一滅脖子一軟，身子就癱了下去。

司馬遷愣住了，他探探爹的鼻息：「爹？」司馬談沒有回應，司馬遷

抱住司馬談放聲大哭，眼淚止不住的落在司馬談已經凋萎的臉頰上，司馬遷嚎著：「爹啊！您醒過來啊！我答應您一定專心寫史書，您醒醒啊，不要走啊！不要啊！」

摯峻不忍，輕拍著司馬遷：「別這樣，阿遷，讓你爹安心離開吧！」

司馬遷不肯，仍然抱著司馬談哭嚎，他知道爹是被昏庸的漢武帝還有那群道士給氣死的，他不甘心：為什麼老天無眼，讓奸佞當道，烏雲蔽日呢？到底，什麼時候才有撥雲見日的一天？

一會兒司馬遷漸漸收拾哭聲，他慢慢的把司馬談放好，幫他蓋上棉被，然後跪地恭敬的朝司馬談磕頭說：「爹，您放心，我一定會照您的意思，把過去這段空缺的歷史補上。您來不及寫完的，我會幫您完成。所有醜陋的，美好的，我都會公正的讓他們在文字中顯現出來，公諸於後世，讓後人來評論是非。

不管是真小人還是偽君子，我都會讓他們一一一現形，在歷史中贖罪！」

為了完成父親的使命，司馬遷收拾悲憤的心情，趕往太室山參加封禪大典，因為他要把這齣歷史鬧劇給記載下來。

司馬遷是趕上漢武帝在泰山封禪的典禮，但是他並沒有看見漢武帝在太室山上祭祀的過程，因為漢武帝只帶了一個最親近的貼身侍衛霍去病之子霍嬗上山。在那座山上漢武帝究竟做了什麼事沒人知道，更令人覺得奇怪的是，之後漢武帝一行人轉往東海求見蓬萊仙時，霍嬗卻突然暴斃身亡。然而方士們卻都對外宣稱他是成仙去了。

聽到此事的司馬遷忍不住偷偷對摯峻說：「什麼成仙，真可笑，我看霍嬗暴死是報應。」司馬遷仍記掛當日霍去病射殺李敢之事。

摯峻沒有說什麼，只是越來越擔心：霍嬗死時全身毛髮盡數脫

落，眼睛凹陷，膚色轉青，這情形好像是接觸過量輻射能，只是，漢朝怎麼會有這種情形發生呢？

一想到這，摯峻心中的疑雲越擴越大。他想起臨行前陶莉警告他的話，忍不住眉頭深鎖，決定留書說要返回研山，然而其實是回複製社會查探。

司馬遷看完留書之後很失望，他原本以為摯峻會留下來陪他整理史料，這樣多少可以彌補失去父親的痛，但是摯峻再次離開，讓他心裡更落寞。

因為霍嬗突然暴斃，漢武帝覺得有些不祥，所以只在東海海岸走走就北上到碣石山，然後經過遼西沿著長城到五原，再由直道回甘泉、長安。

司馬遷一路隨行，目睹萬千丁夫的血汗築成的長城，也看見孕育燕齊之士奇幽冥想的東海。至此司馬遷終於陸續把整個漢朝的疆界都

遊歷一遍。

夜晚，六一八的房裡一片漆黑，他才剛返抵複製社會就被取消一切活動，先生以他輻射能過高要接受長期觀察為由，把他軟禁在冷凍艙內。

「我不是叫你不要再回複製社會嗎？」陶莉溜進屋裡探望他。

六一八從床上一躍而起：「是你，太好了，我有事想找你幫忙！」他打開光源系統。站在門口的陶莉一駭：「六一八？你怎麼變成這樣？」

六一八摸摸自己的頭髮和臉頰，他不好意思的笑笑：「這是我的本來面目，我本來就是女生，但是我在複製社會抽到的號碼是奇數，所以必須服用藍藥丸把自己改造成男生。自從停止服藥後，我就漸漸變回原來的樣子了。」

陶莉臉色變黯，他實在無法接受六一八現在的模樣，轉身就想

走。六一一八拉住他的手:「對不起，我沒早點告訴你。不過我現在真的很需要你的幫忙，能幫我的只有你一個，求求你，好嗎?」

陶莉看著六一一八纖細的雙手，他強忍住眼淚點點頭。

六一一八要陶莉幫他調查最近還有誰做過時空轉換，並且幫他盜取通行點數，他想進時空轉換室查探更多關於司馬遷的事蹟。

「好，我答應你，可是我也想要看真實歷史裡的司馬遷!」陶莉說。他想知道這個原生人究竟魅力何在，讓六一一八寧願拋棄複製社會的優渥生活冒犯先生。

14 史書開工

　　西元前 108 年，司馬談死後第
三年，漢武帝果然命司馬遷繼任太
史令，之後司馬遷就頻頻出入國家
圖書館，專心研讀史料為寫史書做
好萬全準備。

　　這時候的漢朝，其興盛可謂到
達極致。南越和西南夷各小國都歸
順漢朝，東北的朝鮮被滅，西域的
樓蘭、車師兩國也臣服了，從此西
域之行暢通無阻，至於漢朝的心腹
大患──匈奴人，早在十一年前，
就被衛青與霍去病逼到很遠的北方
去了。

　　國家的成就讓漢武帝更驕傲，
更加認為自己是神仙之子，因此他
抱著登仙的迷夢繼續到處巡遊名山
大川，而司馬遷也得以隨侍各地增
廣見聞，為史書收集到更豐富的資
料。

　　當司馬遷整理父親遺留下來的史料時，發現父親生前對星曆的研究非常透徹，於是司馬遷就把父親的星曆知識與當時的星曆專家壺遂討論，結果兩人看法一致，都認為有更改曆法的需要，兩人遂建議皇上要更改曆法。

　　想不到漢武帝竟然一口就答應。原來，這件事公孫卿也才剛跟他建議過，只不過公孫卿的理由與他們兩人不同。司馬遷他們是認為現在所使用的日曆與天體的運行無法配合，所以才要修改曆法，而公孫卿卻說:「黃帝造曆得仙。」暗示漢武帝改曆法有助於登仙。

　　與求神仙有關的事，漢武帝怎麼可能拒絕呢？於是他下令由司馬遷主導，壺遂、公孫卿以及若干人擔任籌備小組修改曆法。

　　歷經幾年的努力，終於完成新曆法，取名為「太初曆」，同年漢武帝改年號為太初元年（西元前 104 年）。

　　這一年，司馬遷決定開始動筆編纂史書。

　　然而久盛必衰，年初漢武帝所築的柏梁臺被雷擊中失火，秋收季節遇到蝗害作亂，滿天的蝗蟲從關東飛向敦煌。這些不祥的徵兆不僅沒有喚醒漢武帝振作於國事，相反的，他仍舊繼續巡遊名山大川，做著登仙的美夢。

　　這年距李廣、霍去病死去已經十多載，衛青也在兩年前死了。司馬遷原本以為關東關西軍人之間的心結應該就此終止，從此他可以當個冷靜的旁觀者，把一腔悲憤寄在史書中，依照父親的遺言安靜平穩的寫完史書。

　　但是漢武帝的一紙命令又將使司馬遷走上另一條更悲慘的路。

　　漢武帝覺得衛青既死，人才逐漸凋零，有必要再找新人代替，於是下詔求才。

　　雖說如此，漢武帝還是忌憚著

關西人乃是前朝遺民，非他族類，因此想在關東軍中再找個心腹。這時候登場的就是將軍李廣利。

李廣利和衛青一樣，也是攀著妹妹李夫人的裙子爬到皇上的身邊。漢武帝很喜歡李廣利的妹妹李夫人，更喜歡李廣利的弟弟李延年，兩人甚至同床而眠，感情好得不得了。

為了討好他們兩人，所以漢武帝說什麼也要讓李廣利封侯拜將。但是漢朝開國初年，漢高祖有定下一條規定，說「沒有立下偉大戰功的人不可以封侯。」這規定讓漢武帝著實苦惱。

正巧，漢武帝聽聞西域的大宛國盛產好馬，遂派人用黃金強索價值連城的駿馬，不料求馬的使者反倒被大宛國王殺了。這下子漢武帝總算逮到讓李廣利立功的好機會。由於大宛好馬皆集中在貳師城，所以他封李廣利為貳師將軍，又擔心

李廣利能力太差，所以加派許多兵馬給他，要他出兵攻打大宛奪取好馬。

這一切經過，司馬遷都看在眼裡，但是他什麼也不想多說。早在看見漢武帝寵溺李氏一族時，他就搖頭嘆息皇上的昏昧，待看見漢武帝為了扶植李廣利無所不用其極的作法時，他幾乎是徹底失望了，同時，一股不祥的預感隱約升起，他想起正在關外練兵的李陵，李陵正是李廣的孫子。

司馬遷害怕：是不是另一波關西關東軍的爭戰又要開始了？

15

貳師將軍李廣利

　　長安城街上吵吵嚷嚷，行人們奔相走告：「快來看啊！貳師將軍回來啦！」

　　「快看快看，那些就是他從大宛國搶回來的戰馬，哇，這些馬真俊！」路人說著。

　　老翁身邊的小孩大聲嚷著：「啊，貳師將軍打了那麼久的戰爭就是為了這些馬啊？」

　　老翁搖搖頭：「可不是嗎？我聽說貳師將軍第一次去攻打大宛奪馬時，不但花了近一年的時間，損失大筆兵力不說，而且還吃了大敗仗，皇上一生氣就要他們駐在敦煌不可以回來。可是皇上生氣歸生氣，第二年還是撥給他六萬兵卒，十萬頭牛，三萬匹馬，還命令許多人協助運糧，弄得天下騷動，可是你們看看他剩下什麼？一萬多的士

141

兵，而且失去的士兵不是戰死的，都是被貳師將軍和他那些殘暴的部下給凌虐死的；再看看他帶回什麼？好馬數十匹，普通馬三千匹，真是好一個英勇的貳師將軍啊！」老翁嘲諷的說著。

「誰叫人家是皇上身邊最紅的李夫人的大哥啊！這年頭啊有沒有真材實料不重要，重要的是有沒有關係可攀，只要攀對關係，傻瓜也能當宰相！」一名婦人刻薄的批評，她的話引起一陣大笑。

只有躲在一旁的司馬遷笑不出來。看見眼前垂頭喪氣的士兵和那些花費數十萬金錢人力奪回來的馬，他想起十多年前衛青討伐匈奴回國時的盛況。

同樣是外戚，李廣利比起衛青來真是差太遠了。可是皇上似乎不這麼想，皇上非但不追究李廣利失職的部分，甚至還下旨說要封他做海西侯。司馬遷想：這樣的人也能

封侯，卻把李陵那麼好的人才放在關外當個小小的騎都尉，真是太不公平了。

李陵和爺爺李廣一樣也是個將才，在軍隊中的名聲很好，漢武帝曾命他率領八百騎兵深入匈奴駐紮區觀察匈奴動靜，後來封他為騎都尉，帶兵五千，在酒泉、張掖一帶練兵防備匈奴。

貳師將軍二次征大宛，損傷無數、犯下的過錯不計其數，可見他根本不適用，可是皇上不顧爭議照樣重用他，而把李陵那樣的將才留置關外。還派李陵去迎接李廣利歸國。再這樣下去，漢朝的國運還能繼續昌隆嗎？

儘管司馬遷心中有諸多不滿，但是他並沒有說什麼，只是靜靜的把這一切的經過記錄下來，留待後世評斷。

這天，漢武帝在甘泉宮大擺筵席，感謝李廣利「安全」抵國，席

間李夫人特地獻舞，李延年伴唱表演，李廣利坐在皇上身邊觀賞，心裡很得意。漢武帝巡視筵席發現沒有司馬遷的蹤影，於是他問壺遂說：「怎麼沒看見太史出席呢？」

壺遂回答：「啟稟皇上，太史正在圖書館裡寫書。」

「寫書，寫什麼書？」

「聽說太史想把從黃帝到本朝總共二千多年的歷史完整且有系統的寫出來！」

漢武帝點點頭：「喔，想不到他這麼有心！」漢武帝眉毛一轉：「有寫到朕嗎？」

「聽說是有！」

「那好，拿來朕瞧瞧，看看他文筆如何。」

「可是太史說過想等全部寫完才公諸於世。」

「是嗎？」漢武帝皺皺眉頭。

一旁的張瀾悄悄說：「皇上您想看，我幫您拿一部分過來給您瞧

瞧。」於是張瀾趁著夜深人靜的時候，偷偷潛入圖書館盜取司馬遷寫好的〈武帝本紀〉給漢武帝看。

漢武帝起初看得很高興：「想不到關西人也有這種好人才。」但是他越看笑容越少，漸漸皺起眉頭，他開始大罵：「可惡，寫這什麼東西，朕有那麼壞嗎？燒了它去！」

張瀾趁機上前：「皇上，臣早就跟您說過了，這些關西人都不可靠，我看您要多提防啊！」

漢武帝瞇起眼睛，心裡轉過幾千百個整治司馬遷的念頭，可是他畢竟是皇帝，踩過多少人的骷髏才爬上今天的位置，見過多少大風浪，他知道還不能動司馬遷，要殺他也得找個讓他服氣的好理由，他對張瀾說：「你幫朕監視司馬遷的一舉一動，如果有什麼動靜馬上回報！」

張瀾聞言大喜，立刻大聲說：「遵命。」

16 司馬遷仗義執言
漢武帝龍顏大怒

就在貳師將軍凱旋歸國這年，漢武帝突然又想攻打匈奴，這時候匈奴單于剛死，新上任的匈奴單于擔心現在打仗對自己不利，於是派人求和，表示願意把扣留在手中的人質送還給漢朝。

漢武帝聽了，得意的派遣蘇武等人帶著大批禮物前去與匈奴交換人質。匈奴人以為漢武帝害怕他，所以才這麼客氣，立刻傲慢起來，不僅沒收禮物，還把蘇武扣留送到遙遠的北海去牧羊。

漢武帝知道後暴跳如雷，立刻下令李廣利率三萬騎兵從酒泉出發攻打匈奴右賢王。

但是他又擔心李廣利戰事不順，所以命令李陵當他的後勤部隊。李陵知道後立刻衝回長安找漢武帝表達心中的不滿。

上回叫他迎接李廣利歸國，現在又叫他負責載運衣物和武器裝備，他這將門之後竟要替攀女人裙帶的庸才服務，這口氣他怎麼吞得下？於是李陵請求漢武帝，讓他也帶兵自成一隊，保證能出奇兵牽制匈奴。

漢武帝聽了眉毛一掃：「你們關西人就是不甘願屈居他人之下，老想著坐大！」

「不是，皇上！」李陵想辯解。

「夠了，」漢武帝手一伸：「我沒有多餘的騎兵可以撥給你。」

李陵牙一咬：「不用騎兵，給我五千個步兵！」

漢武帝眼睛一亮：「好！」

他派路博德帶兵中途接應李陵，可是路博德以前平定過南越，是個曾立下大功的老將軍，要他替李陵這個年輕人作後應，他怎麼肯。但是他畢竟年紀大了，不像李陵那麼衝動。他左思右想後上了一

封奏書，說，入秋之時正是匈奴兵強馬壯的時候，不宜用兵，不如明年再說吧！

漢武帝看了後很生氣：這本奏書八成是李陵反悔，才叫路博德寫的。於是漢武帝命令身為後應的路博德即刻出兵到西河，然後叫李陵從居延出發到東浚稽山觀察敵情，如果無所得再回受降城待命。

就在漢武帝下令時，李陵已經出發到居延，漢武帝這麼做等於是抽走李陵的後應，沒有人支援的李陵深入北方沒多久，就遇上匈奴大軍，他戰到最後一根弓箭用盡，仍不見後援，只好投降。

消息傳回長安，漢武帝震怒，然而朝中沒有人替李陵說半句話，連司馬遷也默默無語，低頭沉思。

正在時空轉換室看顯像儀的陶莉看到這裡，忍不住插嘴:「李陵真活該，愛逞英雄才會落得被俘虜。」

「不能這樣說，」六一一八搖頭：「如果李陵一聽到沒有騎兵可帶就退縮，不是有損他名將之後的名聲嗎？剛才你也看到了，漢武帝其實手中有兵，他是故意不給李陵，故意要整他。而這一切都是因為他是關西人。為了出身地不同而故意貶低某些族群，這個漢武帝真是可惡！」六一一八想到自己。

陶莉：「奇怪了，你不是說司馬遷最有正義感，寧願死也要說真話嗎？怎麼這會也變成縮頭烏龜了？」

六一一八蹙眉想想說：「我想他大概是想把所有的情緒都寄託在史書裡頭，讓後世公斷吧！」

「公斷，怎麼可能？你也說了，司馬遷在寫史書時也放入自己的情緒，但凡有情緒存在就會流於主觀判斷，這樣寫出來的史書怎麼可能比得上機器公正呢！」

「你別忘記機器也是受人控制的，過去我們不就是這樣被先生矇

蔽許多年！」

「那樣的生活有什麼不好，先生控制一切，給我們好環境好生活，讓我們見不到原生時代那些醜陋的事情，先生比起那個好色又多疑的漢武帝好上幾百倍！複製社會也比漢朝好上幾百倍！」陶莉越說越大聲，越說越激動，一不小心觸動了「神腦」的啟動鈕，警鈴馬上大作，時空轉換室四周立刻落下重重鐵網圈住他們二人。

先生的臉出現在神腦上：「六一八，你再三觸法，又到處散播破壞複製社會和平進步的毒素，還帶壞陶莉，實在可惡。我要把你關進圓形監獄候審。」

「關就關，不過有句話我還是要大聲告訴你，」六一八說：「我散播的不是毒素，而是真相。你口口聲聲說是為我們好，其實都是為了方便控制我們！」

他的話尚未說完就被擊暈。陶

莉慘白著臉看著六一一八被機器衛隊抬出去。

這晚，司馬遷徹夜未眠，他在思考白天大殿上的情景：李陵敗降必定另有隱情，朝中大臣對李陵幾乎一面倒的撻伐讓他覺得心寒。難道當官的人個個都是冷心肝，不講道義只求利益嗎？他自己呢？該不該為李陵說句公道話？可是就算說了，皇上聽得進去嗎？

突然，司馬遷聽到背後有腳步聲，回頭一看，竟然是漢武帝！

「你這麼晚了還在寫東西啊？」漢武帝難得溫和的問他。

「啟稟皇上，臣不是在寫文章而是在想事情！」

漢武帝眉毛輕揚：「想什麼事情，該不會是李陵投降的事吧？」

「是的。」

說到李陵，漢武帝馬上垮下臉，難過的說：「這個李陵，我是那

麼看重他，給他封侯拜將的機會，他不把握也就算了，竟然還投降匈奴，真是太傷我的心了！」

看見漢武帝一臉哀戚，他實在不忍心，忍不住說：「皇上，臣覺得依李陵平時的為人處世，我想他不是真投降，而是想留著有用的身軀，靜待機會再為皇上效力。」

「是嗎？你再分析下去。」漢武帝眼角掠過一道閃光，輕揚嘴角。

司馬遷以為皇上聽進去了，所以高興的繼續說：「李陵率軍五千深入敵境，與單于相遇，雙方大戰，李陵斬殺匈奴軍兩萬多人，震驚匈奴朝野，迫使匈奴軍幾乎全國出動。這個戰績已經抵得過他投降的羞辱了！」

漢武帝身子前傾說：「你強調李陵殺敵兩萬是什麼意思？」

「臣的意思是說，」司馬遷尚未說完，就聽見花瓶乒乒墜地的聲音，他抬頭，看見剛才還滿面愁容

的漢武帝不知道何時換上一副鐵青獰獰的面孔。

他咬著牙站起身，手指直直戳向司馬遷：「你這個逆賊，表面上是在為李陵辯護，其實都在指責朕，認為朕派李廣利主攻匈奴是錯誤的，對不對？」

其實漢武帝早猜到司馬遷應該會替李陵辯護，只是不知道他會說什麼理由，所以故意試探他，現在一聽，立刻燃起心頭火，他想到：司馬遷之前已經把我寫得那麼不堪了，這件事他不知道會怎麼寫我。越想他心越恨。

「小小一個太史，竟敢指責朕的判斷錯誤，你簡直大逆不道，來人哪，把他抓進大牢關起來候審。」

於是司馬遷下獄了，這年是漢朝天漢三年（西元前98年），司馬遷已經四十八歲。

17 司馬遷落獄被刑

　　不久，漢武帝經過一段時日的冷靜，醒悟到，若不是他調走路博德就不會有今日的結局，於是他派人去慰問那些僥倖突圍的李陵部屬。過幾日他心裡又想，那些大臣們嘴上不說什麼，搞不好心裡跟司馬遷一樣，也認為他冷血，對李陵不公。

　　所以他特意派了公孫敖去營救李陵，表現出自己關懷臣下的慈悲心。

　　但是公孫敖竟然帶回來一個天大的壞消息：李陵正在為匈奴人練軍，準備對付漢朝。

　　漢武帝勃然大怒，立刻下令抄了李陵全家，行族刑＊。

放大鏡
　　＊族刑　一種非常殘酷的刑罰，一人有罪，滅絕其宗族，有時株連到父族、母族、妻族。

156

看到這段歷史時，陶莉和六一八忍不住開始掩面嘔吐。眼前的畫面實在太血腥，他們知道原生人極不理性，可是為了懲罰別人竟然用這麼殘忍的手段，太可怕了。

「怎樣？看見真相有比較好嗎？」說話的是先生：「我之前為了社區好，所以把許多不宜的原生人歷史給去掉，保留無害的部分讓大家觀看，我處處為你們設想，想不到你們竟這樣回報我！」

六一八撫著胸口頻頻喘息說：「真相的選擇權應該在我們的手上，不是你，我寧願承受擁有真相的痛苦，也不要當一個沒有感覺的螺絲釘。」

「是嗎！好，我看你還能承受多少。」先生把頻道轉到司馬遷正在受刑的監獄。

六一八一看，眼淚止不住的流下來，他摀住嘴強迫自己不要尖

叫，抖著身子繼續觀看，一旁的陶莉已經嚇暈過去了。

大牢裡的司馬遷被鐵鍊鍊住雙手高掛在牆上，重重疊疊的血痕爛肉，乾掉又裂開的鞭痕，讓他赤裸的上身幾乎看不見完整的皮膚。張瀾提起浸在鹽水桶裡的皮鞭用力一抽。一條比蛇還粗的血痕讓司馬遷從昏厥中痛醒。

張瀾說：「活該，你這個關西牛不在鄉下拖犁，妄想跳過龍門，還自比為孔子想寫史書，你把皇上當昏君，把我當亂臣，今天我就要看看，究竟是我的鞭子厲害還是你的筆厲害。」

「就算你打爛我的皮肉，只要我一息尚存，口能說手能動，定要把你的罪行，把皇上的不公通通寫下來，讓後人知道真相。」

「你要真相我就告訴你，前幾天公孫敖回報，李陵不僅投降匈奴

而且還替他們練兵，所以皇上已經斬了他們全家，還判你誣罔之罪，下令處死你，你準備把這些真相帶到地府去說吧！」說著他又打下另一鞭。

　　看到這裡，六一一八再也忍不住了，他抱住先生的大腿哭著說：「對不起，我錯了，我錯了，我保證我再也不想看見這些真相了，再也不敢說複製社會不好了，求求您讓我回漢朝一趟，救救司馬遷吧！」

　　「現在才醒悟已經太遲了，老實告訴你，司馬遷的下場比你現在看到的更慘，但是我不會讓你回去，我要把你關進圓形監獄，每天讓你觀看你最嚮往的漢朝，你最喜愛的真相，讓你天天活在真相底下卻無能為力改變。就像你自己說的，有感覺而痛苦的活著。我還要把你的受刑過程拍下來讓全社區的人看，讓他們知道擁有真相是多痛

苦的一件事，讓其他人再也不敢違抗我。」先生說完拂袖而去。

　　與司馬遷同樣陷在牢裡的六一八日夜不安，腦裡想的盡是司馬遷在監獄中受折磨的畫面。他想著：不行，再這樣下去，司馬遷一定會被活活打死，我要想辦法回到漢朝去救他。

　　於是他趁陶莉來探望他時，苦苦哀求陶莉，求她幫忙偷渡回漢朝。陶莉禁不過他的哀求，決定冒險幫他。

18 一字之差
千古遺憾

　　這次他著陸的地點不在漢朝國土，而是匈奴境內。他認為唯有找到李陵，把事情問清楚，要李陵隨他回漢朝，司馬遷才有獲救的機會。

　　但是沒想到他把李陵全家被殺的始末告訴李陵之後，李陵搥胸頓足，他一邊痛哭一邊問：「為什麼要殺我全家？練兵的是李緒不是我啊。」

　　原來，公孫敖聽錯了，一字之差的誤會竟然斷送了一群老弱的生命，也斷送了兩個年輕人的前途與希望。

　　李陵哭完後站起來揮劍一削，割去束髮帶，再剝開漢服把它踩得爛爛的，他恨恨的告訴摯峻說：「劉徹那個多疑的老鬼殺我全家，你回去告訴他，我在這裡受到莫大的禮

遇與重用，是漢朝給我李家的百倍多，從今以後，我再也不當漢人了，我要歸屬匈奴，當個徹徹底底的匈奴人。」

　　李陵所受的待遇確實比在漢朝好很多，摯峻想不到一個被視為沒有文化的野蠻民族竟然是最沒有地域偏見，沒有族群歧視的種族。只是這個消息傳回漢朝，司馬遷可以被釋放嗎？摯峻心念一轉，想起還有法子或許可以救司馬遷。

　　不久，真相終於傳回漢朝，已經六十歲的漢武帝才發現自己又錯了。

　　這晚，漢武帝躺在床上輾轉難眠，他想起李陵一家忠心耿耿卻慘死在自己的疏忽之下，確實有些不忍。再想到今天下午，那個自稱摯峻的道士一再替司馬遷講情，他還說只要饒司馬遷不死，他有法子可讓漢武帝見到神仙。

　　這個說法確實讓漢武帝心動。

可是不好好□難一下司馬遷，他又不甘心。終於他想到一個方法，既可以懲罰司馬遷，又不至於讓天下人說他是個暴君。

此時大牢裡的司馬遷以為死日不久，所以儘管被毒打得全身不成人形，他還是拼命寫史書。天可憐他，雖然有張瀾和獄吏虐待他，但是仍有看不過去的獄吏幫著他把寫史書的資料拿給他，讓他寫史書。司馬遷吃少喝少睡少，整日拼命寫史書，想在有限的日子之內把史書寫完。

眼看入秋了，隨著樹葉變黃，行刑的日子就要到來，就在他傷心絕望時，有獄卒叫道：「司馬遷，有人來看你，給你帶好消息來囉！」

司馬遷抬頭，竟然是摰峻。

摰峻把漢武帝新頒的命令告訴司馬遷。這年秋天漢武帝下令：「被判死罪的人有三條路可以走，一條是接受死刑，第二條是只要家裡湊

足五十萬來贖身就可以免死，第三條是接受腐刑＊就可以免死。」

摯峻以為司馬遷聽了應該很高興，但是他聽後卻跌坐在地說：「五十萬，我哪有那麼多錢？」

摯峻說：「你別擔心，錢的事我來想辦法！」摯峻想他只要利用時空轉換儀著陸到皇宮的錢庫裡頭，偷出幾件珍寶或金錢就可以解決了。

可是他忘記自己也在逃獄中，當他再次啟動時空轉換儀時，馬上就驚動「神腦」，於是又被抓回去複製社會了。

立體圓形監獄裡，監視器三百六十度旋轉，每一個犯人的一舉一動都逃不過它的監視。一回到複製社會的六一八馬上就被抓起來送進這裡，他被關在第四象限區，這一

＊腐刑　中國古時的肉體刑罰之一，把男性罪犯的生殖器割去。也叫「宮刑」。

區的犯人是思想犯，所以受到的控制與監視最嚴密。

　　站在神腦後面的先生正在觀察六一一八的舉動，隨侍旁邊的正是陶莉。先生罵道：「我當初不計較他是自製人的出身，大力拔擢他當時空轉換儀的管理員，他自己無能操作不當也就算了，竟然想推翻我的話，真是不知好歹！」先生轉身：「而你，陶莉，擁有與我最多相似基因的你──我的女兒，竟然看上這個小子，還幫著他偷偷作時空轉換。哼！要不是我發現得早，複製社會一定被他毀掉，這種禍害絕不能再留，我要把他送走！」

　　陶莉問：「送去哪？」

　　先生冷笑：「除了『那裡』，還會有哪裡他能去？」

　　陶莉臉色慘白，看著六一一八，忍不住雙眼泛紅，她偷偷想著：到底該怎樣才能拯救六一一八呢？

19 人生唯一的堅持

　　司馬遷以為摯峻會帶來希望，可是苦等好幾天摯峻都沒有出現，他的家人哭哭啼啼的到監獄來跟他說，他們到處借錢，可是都籌不到規定的數目，司馬遷以前那些同事，現在看見他的家人就避開，誰也不願意幫他們說句話。就連上次那個攔下皇帝幫司馬遷求情，還說要營救他的道士也不見了。

　　司馬遷一聽心涼了半截，父親的話一句句湧上心頭：官場無朋友，大家都是重利背義，碰到違背升官發財、會得罪皇上的事情，就會變成聾子啞子瞎子。只有他這個傻瓜，把義氣化成行動，現在終於犯了大忌。他死不足惜，可是寫了一半的史書怎麼辦？難道真讓它變成斷簡殘編嗎？

　　不想再受折磨的司馬遷真想痛

快領死，可是他又想：若是現在死了，那之前的努力不是全成泡影？爹的遺命怎麼辦？李廣李陵的冤屈怎麼辦？皇上和那批小人的惡狀又怎麼辦？他想到冷汗直流，渾身窣窣發抖。最後他眼睛一閉，決定接受腐刑。

太史令的工作之一是掌管宗廟，而受腐刑之人不可以擔任這個工作，受到腐刑的司馬遷因此正式去除太史令的職位。而受完腐刑之後不可以吹風，所以司馬遷被移到蠶室＊關起來。

漢武帝派張瀾去看司馬遷，張瀾回報說：受了腐刑的司馬遷在蠶室裡仍然不眠不休的寫史書。

這下子漢武帝終於被他執著的精神感動，他選了一個大雪紛飛的夜晚，偷偷到蠶室去看司馬遷。

 放大鏡

＊蠶室　蠶室裡四周都是火爐，很暖和，就像養蠶之室，所以稱為蠶室。

透過小小的監視孔，他看見司馬遷伏在案上拼命寫拼命寫，正值壯年五十歲不到的司馬遷已經滿頭白髮。一會兒司馬遷轉過頭來，漢武帝更是震驚：眼前這個雙頰凹陷佝僂著背的人，就是那個神采奕奕的年輕郎官嗎？

他越想越後悔，回想起當年司馬遷剛當上郎官時，他震驚四座的精妙文采。好吧！還是把他調回自己身邊，他想寫史書就讓他寫，只要將來不讓他刊出來給大家看就行了。

於是太始元年（西元前 96 年），漢武帝把司馬遷調回身邊當中書令。這年距太初元年（西元前 104 年）司馬遷執筆寫史書開始到李陵案被牽連下獄，已經過了七年。

現在的司馬遷再也不說話了，皇上叫他做什麼他就做什麼，朝廷中的鬥爭他也都不管，只是整天關在家裡埋頭寫史書，他不敢出門，

怕面對鄰人的羞辱與揶揄。

他寫著寫著，經常精神就恍惚起來，思緒回到以前：想起龍門那片田野，想起小時候父親母親的關愛與期待，想著想著他禁不住就會縮成一團發抖，冷汗直流，渾身像是有針在刺、火在燒他似的。尤其是想到與摯峻交往的時刻，他更是心痛：我付出真心相交的朋友，竟然在最後也拋下我離去！

他的痛苦只有在寫史書時才稍稍獲得寬慰，這也是他願意苟延殘喘活在世間的唯一目的，因此他拼命寫拼命寫，期待寫完的一天早日到來，他就可以脫下這副骯髒恥辱的皮囊，離開這個沒有人在乎他的世界。

看見司馬遷細瘦見骨的手執筆寫史，邊抖著乾裂的唇喃喃自語，六一八的心簡直都要碎了：這是阿遷嗎？是當年那個高唱「易水寒」

的阿遷嗎？

「阿遷，我並沒有負你啊！我也是身不由己，比死還難受啊！」抓著螢幕，他邊哭邊喊。

「你終於知道什麼是真正的痛苦了吧！」先生說：「如果你相信真相始終來自於機器，這一切就不會發生了。」

六一八忍不住大聲的說：「機器都是你在控制，我們看到的全是假相，不是真相！」

先生說：「司馬遷就是知道太多真相才會痛苦不堪，比起精神上的折磨，他之前肉體的痛苦算得了什麼！為什麼原生時代那些人老想要當神仙，為的就是神仙沒有痛苦，而複製社會給你們如同神仙般的生活，你老了、病了，我幫你做全人複製，讓你長生不老，幫你過濾有害的史料與書籍，讓你快樂無憂的過日子。這種生活誰不要？可是你偏偏要打破真相窮追到底，結果

呢？」

　　先生轉到另一個頻道：「這是接下來的發展，你自己看看，沒有理性的原生人除了害人害己，還會做什麼？」

20 巫蠱之禍

　　漢武帝長期求神拜仙，結果真正的神仙沒見到，倒是引來了一堆騙吃騙喝的假道士。這些人真本領沒有，但是利用假巫術使弄人心，把整個京城弄得烏煙瘴氣的本事卻很高強。其中他們最愛用的方法就是施巫蠱*害人。這股邪風也吹進後宮，後宮為了爭寵本就充滿怨恨與忌妒，現在加上邪心害人，終於越演越烈，爆發了「巫蠱之禍」。

　　起因是經常有人到漢武帝前告密，說某某妃子用邪法詛咒皇上。多疑的漢武帝聽了當然是寧可錯殺不願放過。幾次下來，牽連被殺的有好幾百人。長期處於這種環境的漢武帝也因此變得精神恍惚，常常

放大鏡

*施巫蠱　這裡的蠱指的是埋木偶。把怨恨的人的生辰名字寫在木偶上，然後在木偶上作法咒詛他，使他倒楣。

話說到一半，雙眼翻白，嘴張得大大的，好像痴呆似的。因此他決定避居陝西甘泉宮修養。

在漢武帝身邊有個叫江充的人，專門負責監視大臣和皇親國戚，他為人狠毒滑溜，善於迎合皇上的心意，漢武帝很寵信他。

江充很討厭太子劉據，因為太子為人寬厚，行事作風和漢武帝全不相同，江充擔心一旦太子繼位，他就會被貶甚至被殺。為了自己的前途，所以江充決定先下手為強。

江充說：「皇上，您的病全是因為女巫施蠱術所害。臣願意效犬馬之勞，冒生命危險幫您把施蠱的人抓出來。」他在說的同時早已命人把木偶埋在太子宮中。然後再假裝從太子宮中挖出大量木偶，以此罪名要把太子斬首。

太子發現情況危急，又無法和在陝西的漢武帝取得聯繫，於是他只好聽少傅石德的建議，說：「江充

假冒聖旨謀反，殺！」

同時漢武帝聽信江充使者的話，以為太子謀逆，立刻命丞相發兵與太子交戰。太子寫信給擔任護北軍使者的任安，請求他發兵助戰，任安雖然接了太子的令旗，仍不肯接應太子。雙方混戰城中五日，結果太子兵敗自殺。

事平之後，皇上原本犒賞殺太子有功之人，把太子同夥通通抓起來待殺。不久漢武帝又發現太子是冤枉的，所以又把原先的處置通通改過來。這時候他開始怪罪任安，他認為會誤殺太子都是任安的錯，因此他把誤殺太子的悔恨全都怪罪在任安頭上，遂判他「腰斬」！

任安知道後大呼冤枉！他在監獄待刑的時候，想起司馬遷現在是中書令，經常跟在皇上身邊，所以他寫信給司馬遷，請他幫忙替皇上求情。

收到信的司馬遷真是左右為

難。他知道漢武帝現在滿腦子都是悔恨與憤怒，任安恰恰成為出氣筒，所以絕不可能免除任安的死罪。而且他嚐過漢武帝盛怒之下給他的苦頭，為了完成史書，他沒辦法再承受一次。可是任安與他司馬家相交極深，司馬遷左思右想，決定寫一封信給任安表明自己的處境。

他在信裡說，自己現在只是個為了完成父親遺命而苟活著的賤人。他說，他若是現在死了，不知道事情真相的人會以為他是罪人，死有餘辜。而且父親託給他的遺命他尚未完成。這個遺命關係到整個民族文化的傳承，所以他必須苟且偷生。

他活著，唯一的目的就是寫史書，只有完成史書才能洗刷恥辱，讓史書揚名於後世，讓父母不再蒙羞。

總歸一句話，他已經不再是以

前那個司馬遷了，他的心，他的魂全繫在史書上，為了史書，他必須活下去。

而且，他告訴任安，依照漢武帝的個性，他去求情的下場是他們兩個都會被處死。司馬遷自己死不足惜，可是記載真相的史書不能死。只有真相不死，所有的痛苦才能得到解脫！

所以，他不能幫任安，請任安原諒他。

太子的冤死，任安的池魚之殃，江充的奸詐陰狠，漢武帝的多疑殘暴，司馬遷全都看在眼裡，可是他不願意說什麼也不能說什麼，現在任何會危害到史書完成的事，他一概都不做。

任安的死他沒有掉半滴眼淚，因為他的淚他的血已經化成字句蝕刻在竹簡上了！

六一八把螢幕關掉，他不願意

再看下去了，他知道司馬遷馬上就要死了，當司馬遷死的時候，也是他赴上死路的那一刻。

先生的處罰他知道，先生要把他送到原生時代西元 2000 年的一個海島小國。那裡的汙染很嚴重，島上的人民為了爭名奪利，耍的手段比漢朝更甚百倍，更悲慘的是那裡沒有像司馬遷這種正義之士敢揭露一切。他不願意到那個地方去，而且，司馬遷死了他也不想獨活。

就在六一八想尋死的時候，突然，圓形監獄的警笛大響，燈光也瞬間變暗。置身在黑暗之中的六一八覺得脖子一痛，接著就暈了過去。

21

最後……

「這是哪裡？」熟悉的青草味讓他馬上睜開眼睛一躍而起：「是龍門？我又回到龍門了？」

「沒錯，這裡是龍門！」說話的是陶莉：「我瞞著先生破壞神腦，把你轉換回漢朝了，我查過了，今年是漢朝後元二年（西元前 87 年），漢武帝已經死了。司馬遷的《史記》也完成了，他把史書託給他的外孫，現在正朝這兒來！」

「回龍門，他想自殺！」

「我不知道，」陶莉說：「你自己去看看吧！」

摯峻急忙往前奔去。

他心想，司馬遷一定是到龍門峽去了。

果然，遠遠的他看見一個人影站在崖頂，衣衫飄飄。

摯峻一邊高喊：「阿遷！」一邊急

忙往上走。突然摯峻聽見前方噗通一聲，他快步走上崖頂，但只見流瀑匆匆，崖頂的人影已杳無蹤跡。

摯峻沿著峽谷一路追尋，最後，他在江邊找到足跡。深淺不一，凌亂蹣跚的足痕一直通向那片蒼茫飄搖的蘆花叢。

他跟著足印往前走，撥開那片蘆花叢，驚醒了正在休憩的野雁，野雁受到驚嚇一飛沖天，在空中盤旋，憤怒的斥責闖入者。他沒有理會野雁的抗議，只是拼命向前張望。

熱辣辣的陽光映照在水面上，反射出一條條刺目的炫光，在一片水氣銀光閃爍中，他似乎看見一條鱗光閃閃的白龍從水中躍出，騰雲而去。

他抬頭向天空搜尋，但是，天上除了雲朵之外，再也看不見其他流動的東西。

司馬遷

前 145 年	生於龍門。
前 127 年	在京師問學於董仲舒。
前 124 年	從孔安國問學，探索經義。
前 116 年	擔任郎中。
前 112 年	隨漢武帝巡行。
前 110 年	父親司馬談病逝，稟承父志修史。
前 108 年	擔任太史令，編撰《史記》。
前 104 年	制訂太初曆。初步完成《史記》。
前 99 年	因李陵投降匈奴，要救李陵，被捕下獄。隔年遭受腐刑。
前 96 年	出獄，擔任中書令。
前 90 年	完成《史記》。首創紀傳體例。
前 86 年（？）	逝世。

國家圖書館出版品預行編目資料

龍門路：司馬遷／劉美瑤著;徐福騫繪.－－初版三刷.
－－臺北市：三民，2011
　　面；　公分.－－(兒童文學叢書／世紀人物100)

ISBN 978-957-14-4409-3　(平裝)

1.（漢）司馬遷－傳記－通俗作品

782.821　　　　　　　　　　　　　　　95001348

ⓒ　龍門路：司馬遷

著 作 人	劉美瑤
主　　編	簡　宛
繪　　者	徐福騫

發 行 人	劉振強
著作財產權人	三民書局股份有限公司
發 行 所	三民書局股份有限公司
	地址　臺北市復興北路386號
	電話　(02)25006600
	郵撥帳號　0009998-5
門 市 部	(復北店) 臺北市復興北路386號
	(重南店) 臺北市重慶南路一段61號

出版日期	初版一刷　2006年9月
	初版三刷　2011年10月修正
編　　號	S 781260

行政院新聞局登記證局版臺業字第〇二〇〇號

有著作權‧不准侵害

ISBN　978-957-14-4409-3　(平裝)